Nur ei**ne** dienende Kirche dient der Welt

Peter Kohlgraf

Nur eine dienende Kirche dient der Welt

Yves Congars Beitrag für eine glaubwürdige Kirche

Matthias Grünewald Verlag

Ein besonderer Dank geht an die Diözese Mainz für die großzügige finanzielle Unterstützung und an Herrn Karl-Ludwig Wimberger für die Korrekturarbeit.

Für die Schwabenverlag AG ist Nachhaltigkeit ein wichtiger Maßstab ihres Handelns. Wir achten daher auf den Einsatz umweltschonender Ressourcen und Materialien.

Bibliografische Information der Deutschen Nationalbibliothek
Die Deutsche Nationalbibliothek verzeichnet diese Publikation in der Deutschen Nationalbibliografie; detaillierte bibliografische Daten sind im Internet über http://dnb.d-nb.de abrufbar.

2. Auflage 2015
www.gruenewaldverlag.de

Umschlaggestaltung: Finken & Bumiller, Stuttgart
Umschlagabbildung: KNA-Bild
Druck: CPI – buchbücher.de, Birkach
Hergestellt in Deutschland
ISBN 978-3-7867-3036-1

Inhalt

Eine dienende und glaubwürdige Kirche heute: Erreichtes – Wahrnehmungen – Perspektiven

Einleitung
Eine arme Kirche für die Armen oder eine glaubwürdige Kirche für die Gläubigen?

Am 16. März 2013 formuliert der neugewählte Papst mit dem programmatischen Namen »Franziskus« die Zielvorstellung für die Kirche und sein Pontifikat: »Ich will eine arme Kirche für die Armen«[1]. Seine Namenswahl stehe für »Demut und Einfachheit«, die den Heiligen aus Assisi für die heutige Kirche bedeutsam erscheinen lassen. Wiederholt sprach dann der Papst in den nächsten Monaten davon, die Kirche müsse an die Ränder gehen, aus den Kirchenmauern heraus, um den Menschen dort das Evangelium in Tat und Wort zu verkünden. Neben vielen positiven Reaktionen gab es auch deutlichen Widerspruch zu seinem formulierten Programm.

Die Reaktionen auf die ersten Amtshandlungen des Papstes Franziskus aus dem rechten Randbereich der Kirche (um sich der Einfachheit halber dieses Schubladendenkens zu bedienen) sind teils aggressiv bis panisch. Die argentinischen Piusbrüder »ziehen über den Papst her« wegen seiner »militanten Demut«[2]. Bergoglio sei ein »idealistischer Armutsapostel der 70er Jahre«, formuliert der Distriktobere seine Kritik. Konkreter noch wird die Kritik im »Katholischen Magazin für Kirche und Kultur« vom 16.3.2013[3]. Sie macht sich an den ersten liturgischen Wahrnehmungen im Hinblick auf diesen Papst fest. Allein über den zentralen Bereich der Liturgie könne eine Erneuerung der Kirche geschehen. Der Papst huldige einem »demonstrativ hervorgekehrten Pauperismus«, der letztendlich die Würde der Kirche beschädigen werde. Schließlich fehle Papst Franziskus die »würdevolle Gestalt Benedikts XVI., die in besonderer Weise dem sakralen Charakter des Petrusamtes entsprach«. Dass es gerade das unnachgiebige Verhalten der Piusbrüder gegenüber Papst Benedikt XVI. im Zusammenhang seiner Versöhnungsbemühungen war, welches seinen Petrusdienst nachhaltig beschädigt hat, lässt deren Äußerungen zu Papst Franziskus in einem seltsamen Licht erscheinen. Das sei nur am Rande bemerkt.

Was ist der zentrale Bereich der Kirche? Und wie müssen sowohl dieser Bereich als auch das Wirken der Kirche »ad extra« gestaltet sein, um als das Opfer Christi und sein Sakrament, d. h. seine Heilsgabe an die Welt,

1 | http://www.zeit.de/gesellschaft/zeitgeschehen/2013–03/papst-franziskus ... (Zugriff am 02.09.2013).

2 | Vgl. kath.net vom 18. März 2013.

3 | Giuseppe Nardi, Msgr. Guido Marini vor der Entlassung? – Beginnt Kurienreform mit verkehrtem Schritt?

als Zeichen und Werkzeug (LG 1) erkennbar und erfahrbar zu sein? Auch Gläubige, die sich an einen bestimmten Leitungsstil im Petrusamt gewöhnt hatten, reagieren bei aller Papsttreue mit einem gewissen Fremdeln. Ein Leser von »zeit online« kommentiert auf der Homepage am 16.3.2013 den Armutsgedanken des Papstes entsprechend folgendermaßen: Hilfreicher wäre es gewesen, der Papst hätte eine »glaubwürdige Kirche für die Gläubigen« als Ziel benannt. Dieser Kommentar trifft tatsächlich insofern den Nagel auf den Kopf, als er die entscheidende Grundfrage benennt: Kirche der Armen für die Menschen am Rande *oder* glaubensstarke Kirche für die Gläubigen im Zentrum der Kirche?

Damit steht die Frage im Raum, was eine glaubwürdige Kirche ausmache, und wie sich das Wirken der Kirche »ad intra« und »ad extra« zu gestalten habe. Eine Kirche, die nicht nach innen glaubwürdig lebt, sich selbst evangelisiert, kann auch keine Strahlkraft nach außen entfalten. Glaubwürdigkeit aber macht der Papst an der Armutsgestalt und an der Fähigkeit der Gläubigen fest, gerade die Menschen am Rande in den Blick zu nehmen.

Nicht nur konservative Christen mögen das Anliegen des Papstes mit Sorge begleiten. Während einer Lehrerfortbildung formulierte ein Teilnehmer seinen Eindruck so: »Ich will keine Kirche der Armen, denn ich lebe in einer kirchlichen Schule davon, dass die Kirche Geld hat und dass es eine geregelte Zusammenarbeit mit dem Staat gibt.«

In den Reaktionen wird das Gespür sichtbar, dass, sollte der Papst mit seinem Anliegen ernst machen, Konsequenzen nicht zu vermeiden, ja sogar gewollt wären, die für viele nicht angenehm sein dürften. Dabei geht es auch, aber nicht nur um materielle Armut. Auch eine arme Kirche kann »reich« sein im Sinne der Warnungen Jesu, nicht mehr hungrig zu sein nach dem Wort Gottes und seinem Reichtum. Materielle Armut allein ist kein Selbstzweck. Fundament einer freiwilligen Nachfolge in Einfachheit und Armut ist eine bestimmte christliche oder kirchliche Grundhaltung, indem die Kirche sich nicht selbst genügt, sondern sich als Dienerin versteht.

In diesem Sinne beeindruckte mich ein Buch, das mir aus dem Nachlass eines verstorbenen Pfarrers übergeben wurde, das einen Bogen vom Ende des II. Vatikanischen Konzils zu unseren heutigen Themen schlägt. Wenn derzeit zunehmend über das Selbstverständnis, die Hermeneutik und die Ziele des letzten Konzils gestritten wird, und nun auch über eine dem Evangelium gemäße Ausgestaltung des Papstamtes und der kirchlichen Lebensformen, dürfte es lohnend sein, bei einem Theologen nachzulesen, der auf erfreulich wenigen Seiten noch während des Konzils sein Resümee der konziliaren Theologie und Ekklesiologie zieht.

Yves Congar veröffentlicht 1963 auf Französisch, 1965 dann in deutscher Übersetzung sein Buch »Für eine dienende und arme Kirche«[4]. Es war noch in den 50er Jahren nicht abzusehen, dass der 1904 geborene Dominikanertheologe wenige Jahre später zu den prägenden Konzilstheologen gehören würde.[5] Bereits seine ersten Werke über die Notwendigkeit einer Reform der Kirche und über eine Theologie des Laienstandes in der Kirche erregten die Aufmerksamkeit der Ordensleitung und führten zu erheblichen Schwierigkeiten mit dem Heiligen Offizium. In den Jahren zwischen 1954 und 1956 wurde er mit dem Verbot der Lehre und Veröffentlichung belegt. Gerade die von der Denkwelt der Kirchenväter geprägten Theologen galten als die progressiven, so auch zur gleichen Zeit Henri de Lubac. 1962 wurde Congar von Papst Johannes XXIII. zum Konzilstheologen berufen, das er, wenn man so möchte, bereits seit 1960 maßgeblich inhaltlich vorbereiten durfte. Tatsächlich hat er wesentliche Themen des II. Vatikanums vorgedacht: die Geschichtlichkeit der Offenbarung und der theologischen Wahrheit des Christentums sowie die Frage der Gotteserkenntnis auch in anderen Religionen. Den Zusammenhang zwischen der kirchlichen Lehre und dem glaubwürdigen Lebenszeugnis stellte er nicht nur durch sein Ordensleben dar, sondern auch durch sein Engagement als Arbeiterpriester in Frankreich, das seine Theologie prägte, insofern es ihn über die Freundschaft zu den Arbeitern mit den Gedanken von Karl Marx in Berührung brachte. Auch diese Tatsache machte ihn zeitweilig verdächtig.

Das Ringen um eine glaubwürdige Armutsgestalt, man könnte sagen, das Ringen um eine im Wesen diakonische Kirche, prägt auch sein Buch über die dienende und arme Kirche. Schon die kurze biographische Betrachtung zeigt, dass es sich für Congar dabei nicht um eine Randfrage der Theologie und der Pastoral handelt. Die Kirche lässt sich auf die Ge-

---

4 | Yves M. J. Congar, Für eine dienende und arme Kirche, Mainz 1965, frz. Original: Pour une église servante et pauvre (L' église aux cent visages 8), Paris 1963.

5 | Vgl. dazu Maria Osner, Art. Congar, Yves, in: LThK³ 2 (2006) 1295f., Martin Leitgöb, Dem Konzil begegnen. Prägende Persönlichkeiten des II. Vatikanischen Konzils, Kevelaer 2012, 142–146.

schichte ein, indem sie den Menschen dienen will – darin kommen die unterschiedlichen theologischen Anliegen Congars zusammen. Congar schreibt sein Buch über die dienende und arme Kirche als ein kurzes Resümee der Konzilstheologie überhaupt. Das gilt übrigens auch für Papst Johannes XXIII. und zahlreiche Bischöfe, die am Konzil teilgenommen hatten, wollten sie doch eine »pastorale Theologie als die geschichtliche Hermeneutik der christlichen Wahrheit«[6] gestalten. In diesem Kontext ist es sinnvoll, Congars Buch mit seinem Anhang, dem letzten Kapitel, zu beginnen. Dort stellt er Aussagen des Papstes und einzelner Bischöfe zusammen, welche die Beziehung zwischen einem auch persönlich verstandenen armen Leben des kirchlichen Amtsträgers und der Glaubwürdigkeit des missionarischen Bemühens der Kirche herausstellen. Bereits in der Einberufungsbulle des II. Vatikanums hatte Papst Johannes XXIII. das Anliegen formuliert, »die Kirche für die Lösung der gegenwärtigen Probleme geeigneter zu machen«[7], indem er auf den notwendigen Zusammenhang zwischen der inneren Struktur der Kirche und ihren »Lebensäußerungen nach außen« verwies.[8] Die Kirche sei untrennbar mit der Welt und ihrer Geschichte verbunden, und noch konkreter gefasst: »die Kirche ist angesichts der Armut vieler Völker und des sozialen Elends unter den Menschen ›vornehmlich die Kirche der Armen‹«[9], so der Papst. Das Thema der Solidarität der Kirche mit den Armen bewegt beide Kirchenkonstitutionen des Konzils, *Lumen Gentium*[10] und *Gaudium et Spes*, wobei auffallend der Gedanke von der Kirche der Armen nicht explizit aufgegriffen wird. Dennoch bleibt als Lehre des sogenannten Pastoralkonzils wesentlich, dass das Handeln der Kirche, also die »Pastoral«,

---

6 | Joseph A. Komonchak, zit. n. Knut Wenzel, Kleine Geschichte des Zweiten Vatikanischen Konzils, Freiburg – Basel – Wien 2005, 8; vgl. auch Michael Sievernich, Die »Pastoralität« des Zweiten Vatikanischen Konzils, in: Mariano Delgado/ Michael Sievernich (Hg.), Die großen Metaphern des Zweiten Vatikanischen Konzils. Ihre Bedeutung für heute, Freiburg – Basel – Wien 2013, 35–58.

7 | Zit. n. Knut Wenzel, 16.

8 | Vgl. ebd.

9 | Vgl. ebd.

10 | Vgl. etwa LG 8: »So ist die Kirche, auch wenn sie zur Erfüllung ihrer Sendung menschlicher Mittel bedarf, nicht gegründet, um irdische Herrlichkeit zu suchen, sondern um Demut und Selbstverleugnung auch durch ihr Beispiel auszubreiten. Christus wurde vom Vater gesandt, ›den Armen frohe Botschaft zu bringen, zu heilen, die bedrückten Herzens sind‹ (Lk 4,18), ›zu suchen und zu retten, was verloren war‹ (Lk 19,10). In ähnlicher Weise umgibt die Kirche alle mit ihrer Liebe, die von menschlicher Schwachheit angefochten sind, ja in den Armen und Leidenden erkennt sie das Bild dessen, der sie gegründet hat und selbst ein Armer und Leidender war. Sie müht sich, deren Not zu erleichtern, und sucht Christus in ihnen zu dienen.«

nicht nur Antwort auf eine feste Lehrüberlieferung ist, sondern dass sich die Lehre, d. h. die Wahrheit der Kirche, vor dem Hintergrund der Praxis immer wieder neu buchstabieren und im Handeln ad extra als wahr erweisen muss.[11] Im Kontext unseres Themas bedeutet dies, dass die Wahrheit des Evangeliums nur aufleuchtet durch eine *Kirche der Armen*, eine *arme und dienende* Kirche, was noch einmal etwas fundamental anderes ist, als sich allein als Kirche *für* die Armen zu verstehen.

Dass sich die Kirche für die Armen verantwortlich fühlt, ist kein neuer Gedanke. Erinnert sei an die Sozialenzykliken der Päpste mit Leo XIII. beginnend bis hin zu Johannes Paul II.[12] In seiner Enzyklika *Centesimus Annus* versteht dieser die Kirche nicht mehr allein als die Gemeinschaft, die zu den Armen geht, sondern sie nimmt die »Option für die Armen ein«, nimmt also einen Perspektivenwechsel vor. Mit dieser Option möchte die Kirche Theologie und Pastoral aus dem Blickwinkel der Armen gestalten, ja, die betroffenen Menschen sollen selbst Akteure gesellschaftlicher und kirchlicher Veränderungen werden. Kirche kommt nicht mehr nur zu den Armen (wer immer dies auch sein mag!), sondern sie kann nicht mehr als von ihnen losgelöste, übergeordnete Größe verstanden werden. Zwar wird dieser theologische Ansatz besonders für die Kirche Lateinamerikas weitergedacht, wird aber spätestens mit Papst Franziskus auch für unsere westlich-europäische Kirche relevant. Wir können uns diesem Ansatz nicht mehr entziehen. Der Theologe Gustavo Gutiérrez nennt theologische Kennzeichen dieser Option für die Armen: Theologie wird von der Welt der anderen her gedacht (also nicht mehr als metaphysisches Prinzip gelehrt), Kirche möchte universal lieben, aber ihre Liebe gilt vorrangig denen am Rande der Geschichte, und es gilt, in den Gesichtern der Armen Jesus selbst zu entdecken (Mt 25).[13] Auf das Verständnis dieser Option der Kirche für die Armen wird noch einzugehen sein.

11 | Vgl. Walter Fürst, Ein epochales Zeichen der Hoffnung. Die innovative Wirkung des Zweiten Vatikanischen Konzils auf Gestalt und Gestaltung der Pastoral und der (Pastoral-) Theologie, in: Heribert Wahl (Hg.), Den ›Sprung nach vorn‹ wagen. Pastoraltheologie ›nach‹ dem Konzil. Rückblicke und Ausblicke (Studien zur Theologie und Praxis der Seelsorge 80), Würzburg 2009, 66–84, hier 76f.

12 | Vgl. zum Folgenden Giancarlo Collet, Die Armen: außen vor oder mitten drin?, in: ders. u. a. (Hg.), Liebe ist möglich, und wir können sie tun. Kontexte und Kommentare zur Enzyklika »Deus caritas est« von Papst Benedikt XVI. (Diakonik 7), Berlin 2008, 123–138.

13 | Vgl. Gustavo Gutiérrez, Nachfolge Jesu und die Option für die Armen, Stuttgart 2009, 27–42.

Was sie bedeutet, beschreibt Yves Congar an verschiedenen Aspekten der Ekklesiologie und der Pastoral, die im Folgenden näher beleuchtet werden sollen. Sein Buch verdeutlicht, dass es nicht allein darum geht, als Kirche die Armen der sogenannten Dritten Welt im Blick zu haben, sondern es geht vielmehr um Grundhaltungen, die auch im Alltag unserer europäischen Kirche gelebt werden müssen. So viel sei vorweg gesagt: Die meisten kritischen Themen, die er 1965 anspricht, haben sich keinesfalls erledigt. Vielmehr gewinnt man den Eindruck, sie hätten sich verschärft und bildeten heute erneut die Ursache für zahlreiche nicht ausgestandene Konfliktthemen in der Kirche. Ein erneutes Lesen des Buches von Yves Congar lohnt sich also.

Die Sorge der Kirche für die Armen kommt schließlich darin zum Ausdruck, dass die »Diakonie« heute selbstverständlich zu den kirchlichen Grundvollzügen gehört. Kein kirchlicher Amtsträger oder christlicher Theologe wird die Bedeutung der Diakonie, also die Hilfe für die Armen und die Arbeit mit ihnen auf Augenhöhe, für das glaubwürdige Handeln der Kirche im Sinne Jesu ernsthaft bestreiten wollen.

Verschiedene Theologen bemerken jedoch auch, dass dieser theoretischen Standortbestimmung die pastorale Wirklichkeit oft nicht entspricht.[14] Damit ist gar nicht in erster Linie gemeint, dass es nicht eine gut organisierte caritative Arbeit in den Gemeinden gibt, in denen sich viele Menschen haupt- und ehrenamtlich engagieren. Vielmehr stellt Hermann Steinkamp ernüchtert fest, dass das zentrale Programm des II. Vatikanums, das in GS 1 festgelegt ist, im Denken und Handeln der Gemeinden und ihrer Mitglieder auch 50 Jahre nach dem Konzil nicht angekommen ist. Die Com-Passion, die wirkliche und konsequente Zeitgenossenschaft mit den Armen und Bedrängten ist Steinkamp zufolge nicht zum »Zentrum«, zum »Dreh- und Angelpunkt« oder »Kerngeschäft« der hiesigen Gemeinden geworden.[15] Zu oft ist Caritas Sache von Spezialisten, nicht Herzensangelegenheit des Einzelnen und der Gemeinden, und es kann sein, dass manchmal gerade die institutionalisierte Diakonie der Grund dafür ist, zwischen der klassischen Caritasauf-

14 | Vgl. Leo Karrer, Grundvollzüge christlicher Praxis, in: Herbert Haslinger (Hg.), Praktische Theologie, Bd. 2: Durchführungen, Mainz 2000, 379–395, hier 383.

15 | Vgl. Hermann Steinkamp, Diakonie statt Pastoral. Ein überfälliger Perspektivenwechsel (Diakonik 10), Berlin 2012, 11.

gabe und ihren zwangsläufigen politischen Implikationen zu trennen.[16] Das heißt: Weil es *die* »Caritas« gibt, müssen der Einzelne oder die Gemeinde nichts verändern. Und inwieweit Menschen an den Rändern wirklich zu handelnden Subjekten ihrer Kirche werden, wird man eher pessimistisch einschätzen müssen. Darüber wird in diesem Buch zu sprechen sein. Wenn im Hinblick auf Gaudium et Spes also über Diakonie als Wesensvollzug der Kirche nachgedacht wird, ist mehr im Blick als das selbstverständlich wichtige barmherzige Handeln der Glieder der Kirche, ihrer Gemeinden und Institutionen. Es geht um einen Lebensstil in der Nachfolge Jesu, um ein diakonisches Selbstverständnis, das vielfach mit den noch volkskirchlich geprägten Gemeinden, ihren Traditionen und dem Selbstverständnis auch der Seelsorger kollidiert.[17] Wenn die Diakonie tatsächlich Wesensvollzug und nicht bloß eine moralische Forderung sein soll, muss sie die anderen Handlungsweisen der Kirche durchdringen. Ein diakonisches Selbstverständnis prägt die Liturgie, den Verkündigungsstil, den Umgang der Christen untereinander, die Lebensweise jedes Einzelnen. Es bildet die Grundlage für eine notwendige Begegnung der Kirche und ihrer Lehre mit den Fragen und Themen der Zeit. Und hier hat das kleine Buch von Yves Congar tatsächlich prophetischen Charakter.

Dabei markiert Congar drei Themenfelder: eine diakonische Ekklesiologie, ein diakonisches Amtsverständnis und schließlich eine diakonische Anthropologie. An seine Aussagen dazu soll jeweils erinnert und deren Aktualität für heute thematisiert werden. Am Ende eines jeden Kapitels soll der Frage nachgegangen werden, welchen Ertrag wir für eine diakonische Theologie festhalten können. An den Themen kann leicht gesehen werden, dass es Yves Congar, der für eine dienende und arme Kirche plädiert, um einen weiteren Horizont als allein um die materielle Armut geht. Dass dies »gefährlich« werden kann, haben vielleicht die Kritiker des Papstes, der dies wohl ähnlich wie Congar sieht, besser verstanden als seine Anhänger, die ihn bejubeln. Die Option einer dienenden und armen Kirche ist alles andere als harmlos. Eine »glaubwürdige Kirche für die Gläubigen« genügt dann nicht mehr.

I. Diakonisches Kirchenverständnis

1. Kirche lebt »aus der Gnadenwirkung des lebendigen Gottes«

Yves Congar beschreibt die Geschichte der Kirche als eine Entwicklung der Verrechtlichung von Themen und Begriffen, die eigentlich dem Bereich der »Mystik« zuzuschreiben sind. Im Laufe der Kirchengeschichte entwickelt sich eine Autorität, »die dazu überging, ihre Rechte zu erklären und zu beanspruchen« (43). Kirche beansprucht Autorität über Menschen als von Gott gegebene Vollmacht, ja als Recht. Das heißt, dass ihre Autorität gottgegeben, im Wesen der Kirche verankert ist. Zwar sei es großen Persönlichkeiten immer gelungen, eine persönliche Glaubwürdigkeit mit diesem Anspruch zu verbinden, aber unabhängig von einzelnen Personen beansprucht die Kirche im Laufe der Geschichte immer mehr Autorität, Gewalt über andere. Gleichzeitig konzentriert sich die Vollmacht der Kirche, ihre Autorität, zunehmend auf die Amtsträger, die Bischöfe, aber noch mehr auf den Papst. Die Päpste beanspruchen nicht nur geistliche Vollmachten, sondern auch politisches Gewicht. Biblische Texte, die über prophetische Vollmacht und die Würde des ganzen Gottesvolkes sprechen, werden hohen kirchlichen Würdenträgern allein zugesprochen. Congar nennt biblische Beispiele für eine derartige Engführung, etwa Jer 1,10: »Siehe ich setze dich heute über die Völker und über Königreiche ...«; 1 Kor 2,15 und 6,3: »Der geistige Mensch beurteilt alles, ohne daß ihn jemand beurteilen könnte ... Wißt ihr nicht, daß wir über Engel richten werden? Um wieviel mehr also über die Angelegenheiten des äußeren Lebens!« Auch das »königliche Priestertum« (1 Petr 2,9) wird zu Congars Zeiten noch den Geweihten allein zugeschrieben. Im päpstlichen Titel des Vicarius Christi tritt der Anspruch zutage, »eine völlig sakramentale, ikonenhafte, an die Vorstellung des beständigen Eingreifens Gottes und der himmlischen Mächte in unsere irdische Sphäre gebundene« Größe zu sein (45). Durch Sukzession wird die von Christus an die Apostel verliehene Vollmacht ungebrochen weitergegeben. Weitergegeben wird eine Macht, »die in der irdischen Instanz ruht« und in ihrem Besitz ist. Die Kirche hat ihre »aktuelle Wirksamkeit in die Macht hineinverlegt, die zum Besitz geworden ist«, man »gehorcht jetzt Gott, indem man seinem Repräsentanten gehorcht.«

Damit sei ein Klima der Verrechtlichung entstanden, welches das gesamte kirchliche Leben prägt. Wenn die Analyse zutrifft, dann muss die Kirche nicht mehr um Gottes Gnade bitten, denn sie entspricht ihr in ihrem Tun und in der Lehre.

Das sind starke Aussagen, die behaupten, dass sich die Kirche mit Gott gleichsetzt und jeder irdischen Kritik entzogen ist, dass ihre äußeren Formen und ihr Handeln den Willen Gottes und Jesu Christi abbilden. Insbesondere der Papst als Vicarius Christi steht für die unanfechtbare Autorität der Kirche, die verliehenes Recht, und nicht je neu zu erbittende Gnade Gottes ist. Kirche braucht die Gnade nicht, das ist die These, weil sie nicht aus dem Willen Gottes und der Wahrheit herausfallen kann. Sicher würde dies heute kein Theologe und kein kirchlicher Amtsträger so formulieren. LG 8 kennzeichnet die Kirche als »zugleich heilige und stets der Reinigung bedürftig, sie geht immerfort den Weg der Buße und Erneuerung.« Auch die Amtsträger der Kirche sündigen und werden dem Geist Gottes untreu (GS 43): »Auch in unserer Zeit weiß die Kirche, wie groß der Abstand ist zwischen der von ihr verkündeten Botschaft und der menschlichen Armseligkeit derer, denen das Evangelium anvertraut ist«. Man kann an diesen Texten des Konzils bemängeln, dass hier nicht die Kirche sündig wird, sondern ihre Glieder, während sie selbst heilig bleibt. Was die Konzilstexte jedoch von den Wahrnehmungen Congars abhebt, ist das Zugeständnis, dass Kirche allein aus Gottes Gnade heilig bleibt, weil Er die Kirche nicht fallen lässt, und Heiligkeit und Wahrheit keinen Besitzstand ihrer Amtsträger darstellen. Papst Paul VI. fasst dies im »Credo des Gottesvolkes« zusammen: »Sie (die Kirche, P.K.) lebt kein anderes Leben als das der Gnade«[18]. Immer wieder muss sie Buße tun für die Sünden ihrer Glieder. Papst Paul VI. löst hier eine heilige Kirche nicht mehr von den Sünden ihrer Glieder. Die Kirche selbst wird verletzt, ihre Gestalt verliert die Strahlkraft.

Die Kirche wird also sensibel für die Schuld aller Christen, sie lässt sich berühren. Es gehört zum Wesen der Kirche, verletzlich zu sein. Es gehört zu ihrer Sendung, Buße zu tun und umzukehren. Sie weiß selbst, was Gnade für ein Überleben bedeutet und verschenkt nicht nur aus ihrem

22

18 | Katechismus der Katholischen Kirche (KKK) 827.

Gnadenschatz, den sie besitzt, Gnade an andere. Eine verletzte und entstellte Kirche – ist dieses Bild hilfreich für unsere Suche nach einer armen und dienenden Kirche? Selbst wenn man sich aus theologischen Erwägungen dagegen sträuben sollte, die Kirche selbst als »sündig« zu bezeichnen, alle ihre Glieder sind es jedoch und die Kirche bleibt davon nicht metaphysisch unberührt. Über die Bedeutung dieses theologischen Ansatzes ließen sich Bücher füllen. Einige Konsequenzen können hier nur angedeutet werden, die von höchster pastoraler Relevanz sind. Begegnet die Kirche in ihren Verkündern den Menschen, zu denen sie gesandt ist, begegnen Sünder anderen Sündern. Das hat zunächst einmal deutliche Auswirkungen auf den Kommunikationsstil. Aus Belehrung wird Dialog, aus Unterweisung Begegnung, aus Besitz die Erfahrung von Gnade.

Es wirkt sich aus auf das Verständnis von Mission: Bis heute herrscht gegen die Kirche, besonders die katholische Kirche, das sehr pauschale, aber nicht ganz unbegründete Vorurteil, ihr Wahrheitsanspruch gehe Hand in Hand mit Intoleranz und Gewalt. Zwar mag die Kirche heute nicht mehr gewaltsam missionieren, aber man kann ohne weitere Schwierigkeiten Beispiele anführen für eine derartige Praxis der Kirche in ihrer langen Geschichte. Hierbei hilft es nicht darauf zu verweisen, dies seien Einzelfälle gewesen, die Lehre sei aber eine andere gewesen. Werfen wir einen Blick in die Lehre über die Mission und die Glaubensweitergabe. Noch in den 30er Jahren des 20. Jahrhunderts scheint der Missionsgedanke so klar zu sein, dass eine ausführliche Beschäftigung mit ihm, geschweige eine Problematisierung nicht notwendig erscheint. In der ersten Auflage des »Lexikon für Theologie und Kirche« aus dem Jahr 1935 findet sich nur ein kurzer, einspaltiger Artikel zum Thema »Mission«.[19] Die Ausführungen können derart knapp sein, weil der Missionsbegriff im Wesentlichen den Versuch beschreibt, im Auftrag Jesu die ganze nichtchristliche und nichtkatholische Welt zu katholischen Gläubigen zu machen (äußere Mission), und die Katholiken ebenfalls zu einer Erhaltung und Wiederbelebung des Glaubens zu führen (innere Mission). Über die Methoden äußert sich der Verfasser nicht, gibt allerdings einen Einblick in seine missionarische Motivlage: Beweggründe der Mission sind »Mitleid und Opferbereitschaft gegenüber der Not der

19 | Vgl. Josef Schmidlin, Art. Mission, in: LThK VII, 218f.

Heidenwelt«[20]. Der Missionar kommt als Besitzender in die Armut des Besitzlosen. Er begründet sogar als »edelster Vertreter seines Heimatvolkes« eine besondere Wertschätzung seines Herkunftslandes durch die geistig und materiell ärmeren Völker und leistet so einen wertvollen Beitrag zum Völkerfrieden. Die Mission werde zunehmend »eine Angelegenheit der Gesamtkirche (sie ist Trägerin der Mission, P. K.), die ihre Kräfte sammelt zum Entscheidungskampf, der in der nichtchristl. Welt zw. Religion u. Unglauben, Katholizismus u. Protestantismus entbrannt ist«[21].

Mit diesem apokalyptischen Ausblick endet der Lexikonartikel. Freiheit, Überzeugung und Respekt vor den Werten der Anderen werden nicht thematisiert. Zwar kann man dem Autor nicht zwangsläufig Gewaltbereitschaft und eine potentielle Unterdrückung unterstellen, aber das Bild vom apokalyptischen Kampf kann in einem solchen Sinne missverstanden werden, wenn der zu Missionierende als der Vertreter des apokalyptischen Gegners verstanden werden sollte. Dass der Autor eine breite Spur sehr respektvoller Missionsarbeit gerade durch die Orden verschweigt, die den anderen Kulturen nicht als die allein Besitzenden begegnet sind[22], kann zur Erhärtung mancher Vorurteile ungewollt beitragen.

Viele Menschen werden ein derartiges Missionsverständnis noch im Hinterkopf haben und lehnen daher entweder die Mission ab[23] oder trauern einer derartigen Klarheit nach, je nachdem, aus welchem kirchlichen Lager sie kommen. Auch Schmidlin sieht Wahrheit, wie es Congar seinen Zeitgenossen unterstellt, als Besitz an, über den die Kirche verfügt. Einen apokalyptischen Gegner überzeugt man nicht mit Liebe und guten Argumenten, sondern man bemüht sich, den eigenen Besitz dem Besitzlosen »ohne Rücksicht auf Verluste« zu übergeben, da es um sein Heil und die Wahrheit geht.

Solch ein Missionsverständnis mag in der offiziellen Theologie überwunden sein, mit den Vorurteilen hat die Kirche – wie andere monotheistische Religionen auch – zu kämpfen. Der Philosoph Kurt Flasch, ein guter Kenner gerade des frühen Christentums, wirft ihm vor, es sei jeweils

20 | Vgl. ebd. 218.
21 | Ebd. 219.
22 | Vgl. dazu Michael Sievernich, Die christliche Mission. Geschichte und Gegenwart, Darmstadt 2009, bes. 71–104.
23 | Mögliche Vorbehalte fasst Giancarlo Collet, Das Missionsverständnis in der gegenwärtigen Diskussion (TThSt 24), Mainz 1984, 26, zusammen.

immer nur dann tolerant gewesen, solange es nicht selbst mit der staatlichen Macht betraut war.[24] Darüber hinaus führt er Beispiele aus der Theologiegeschichte (z. B. Thomas von Aquin) an, die die Intoleranz gegenüber Andersgläubigen auch theoretisch legitimieren. Hier berührt er konkret die Zeit der frühchristlichen Theologen:

»Die Idee der Toleranz verwirft genau diesen Anspruch (andere mit Gewalt zu belehren, P. K.), und diese Idee hat die Kirche theoretisch verworfen (nicht nur de facto nicht geübt), wenn sie an der Macht war. Als das Christentum nach 313 an die Macht kam, eignete es sich ›in kurzer Zeit jene Zwangsmaßnahmen an, unter denen es bisher selbst gelitten hatte‹. Als es machtlos war, plädierte es für Glaubensfreiheit. Wo es Staatsreligion war, reagierte es fundamentalistisch roh gegen Häretikergruppen. Noch wo es im 19. Jahrhundert die Mehrheit stellte, polemisierte es gegen die Idee der Toleranz.«

Das Bewusstsein, selbst aus der Gnade zu leben, spricht aus diesen Wahrnehmungen der Kirche nicht. Viele Zeitgenossen begegnen dem Monotheismus, auch dem Christentum, daher mit großem Misstrauen. Jan Assmann etwa stellt als Religionswissenschaftler den Monotheismus in einen engen Zusammenhang mit der Gewaltbereitschaft, die sich in vielen Quellentexten greifen lässt.[25] Eine deutliche Kritik am Monotheismus spricht neben Assmann der Philosoph Odo Marquard aus.[26] »Wir brauchen viele Götter«, fordert er in einem Spiegel-Interview 2003. Die Vereinheitlichung und den Absolutheitsanspruch sieht Marquard als Quelle des großen Unheils im 20. Jahrhundert.[27] Selbst wenn derartige Tendenzen in der kirchlichen Missionstheologie nicht mehr vorherrschend sind, gibt es in den vielen kirchlichen Vollzügen und alltäglichen Praktiken vielleicht mehr subtile Machtausübung und bemerkenswerte

---

24 | Vgl. auch Peter Kohlgraf, Glaube im Gespräch. Die Suche nach Identität und Relevanz in der alexandrinischen Vätertheologie – ein Modell für praktisch-theologisches Bemühen heute (Theologie und Praxis 36), Berlin 2011, 37f.

25 | Vgl. Jan Assmann, Monotheismus und die Sprache der Gewalt, Wien 2006.

26 | Vgl. Odo Marquard, Lob des Polytheismus. Über Monomythie und Polymythie, in: ders., Abschied vom Prinzipiellen. Philosophische Studien, Stuttgart ²1991, 116. Dazu Alfons Fürst, »Wer das glaubt, weiß gar nichts«. Eine spätantike Debatte über den Universalanspruch des christlichen Monotheismus, in: Orientierung 68 (2004) 138–141.

27 | Vgl. Klaus Müller, Streit um Gott. Politik, Poetik und Philosophie im Ringen um das wahre Gottesbild, Regensburg 2006, 23–25.

Tendenzen, Freiheit zu »vereinheitlichen«, als es der eigentlichen Lehre entspricht. Eine Kirche, ein Seelsorger, der aus der Gnade lebt, wird hier sehr aufmerksam sein.

Das Bewusstsein der Kirche, aus der Gnade zu leben, wirkt sich aus auf ein bestimmtes Verständnis von Toleranz und der Fähigkeit zur Selbstkritik: Aktuell blüht hier eine Debatte auf, die bereits in der Antike geführt worden ist und die Christen in Auseinandersetzung mit den Befürwortern eines Religionspluralismus gebracht hat. In den ersten Jahrhunderten ist das Christentum nur ein Heilsangebot in einer bunten Palette von Sinnangeboten.[28] Ist die Intoleranz, die sich sowohl im Christentum als auch im Islam immer wieder gezeigt hat, also eine konsequente Schlussfolgerung aus dem Monotheismus, der exklusiv und missionarisch auftritt? Alfons Fürst sieht im Monotheismus auch des Christentums den systemimmanenten Grund für eine mögliche Intoleranz gegenüber allen anderen Religionen, auch wenn sich diese nicht zwangsläufig ergibt.[29] Das Bild, wie es bereits die frühe Kirche von sich selbst entwirft, von einer einheitlichen und einförmigen Kirche, die im Besitz der Wahrheit ist, trägt eine Teilschuld an der möglichen Intoleranz des Christentums gegenüber anderen Auffassungen und pluralen Glaubens- und Lebensentwürfen.[30] Die Durchsetzung des wahren Glaubens mit Hilfe politischer Gewalt kann eine logische Konsequenz einer theologischen Haltung gegenüber Andersgläubigen darstellen.[31] Einer Kirche, die zur eigenen Schuld steht und sich der Gnade Gottes unterwirft, könnte man solche Vorwürfe nicht mehr machen. Andersgläubige erleben die Kirche oft nicht so, zu Recht oder zu Unrecht. Jedenfalls trauen viele der Kirche mehr Intoleranz als Toleranz und Selbstkritik zu. Damit sollte sich die Kirche heute nicht mehr einfach abfinden, als sei das ein normales Phänomen, das die Wahrheit eben angegriffen werde. Solch eine Selbstimmunisierung verhindert eine wirksame Umkehr auch der Kirche und ihrer Glieder. Nicht jede Kritik ist unberechtigt.

Neben der Intoleranz ist die Kirche auch versucht, ein Ideal einer Kirche der Reinen zu suchen und zu leben. Schließlich wirkt sich das genannte

28 | Vgl. Fürst, »Wer das glaubt, weiß gar nichts«, 139.
29 | Vgl. Alfons Fürst, Monotheismus und Gewalt. Fragen an die Frühzeit des Christentums, in: StZ 222 (2004) 521–531, hier 529.
30 | Vgl. Alfons Fürst, Identität und Toleranz im frühen Christentum, in: Orientierung 66 (2002) 26–31, hier 30.
31 | Vgl. Fürst, Identität und Toleranz, 30f.

Kirchenverständnis einer Kirche unter der Gnade aus auf eine Sehnsucht nach einer reinen Kirche, die schon die Pharisäer umgetrieben hat und zu einem der großen Streitthemen zwischen Jesus und ihnen geworden ist. Bei diesem Thema muss man keineswegs im sogenannten dunklen Mittelalter suchen. Wenn der in der Einleitung genannte Internetkommentator eine Konzentration der Kirche auf die Gläubigen anstrebt und dies dem Herausgehen der Kirche an die Ränder bevorzugt, zeigt sich hier vielleicht ein solches Streben nach einer glaubensstarken und in sich gefestigten Kirche, die nicht beschmutzt wird durch Sünde und Unglauben. In der jüngsten Zeit fanden sich in der Medienberichterstattung zwei Beispiele, mit deren Hilfe kurz angedeutet werden soll, welche schlimmen Folgen solche Haltungen mit sich bringen können.[32]

Am 7. Januar 2013 berichtet die Süddeutsche Zeitung von einem Prozess gegen Ordensschwestern in Spanien. Kurz nach der Geburt waren in den letzten Jahrzehnten Kinder von Ordensschwestern in Katholischen Krankenhäusern ihren Müttern weggenommen worden, um sie an christliche Adoptiveltern weiterzugeben. Als Grund gaben die Ordensschwestern an, sie wollten verhindern, dass diese Kinder in Sünde aufwachsen.[33] Ähnliches konnte man in der Frankfurter Allgemeinen Sonntagszeitung vom 10. Februar 2013 über Zustände in den von Ordensschwestern geleiteten sogenannten Magdalenenheimen in Irland lesen.[34] Junge Frauen und Mädchen wurden monate-, manchmal jahrelang wie Sklavinnen gehalten, um die Familien wegen ihrer Lebensführung, etwa einer unehelichen Schwangerschaft, wegen Missbrauchs oder wegen einer Behinderung vor übler Nachrede zu schützen. Diarmaid Ferriter, ein irischer Historiker, der mit der Aufarbeitung dieser Thematik befasst ist, formuliert so:»Die Wäschereien waren ein Mechanismus der religiösen Orden und des Staates, mit dessen Hilfe man sich Menschen entledigen konnte, die nicht konform gingen mit der sogenannten mythischen, kulturellen Reinheit, die für einen Teil der irischen Identität gehalten wurde.«[35] Kann man so die Kirche als Abbild des Himmels als Sinnbild der Reinheit be-

32 | Vgl. dazu auch Peter Kohlgraf, Abglanz des Himmels oder Nachfolgerin des Gekreuzigten? Kirchenbilder und kirchliche Praxis, in: Julia Knop/ Ursula Nothelle-Wildfeuer (Hg.), Kreuz-Zeichen. Zwischen Hoffnung, Unverständnis und Empörung, Ostfildern 2013, 69–84, hier 82f.

33 | Thomas Urban, Kindesraub im Namen der Religion, in: Süddeutsche Zeitung vom 7.1.2013, 6.

34 | Jochen Buchsteiner, Sklavinnen der Ordensschwestern, in: Frankfurter Allgemeine Sonntagszeitung vom 10.2.2013, 9.

35 | Ebd.

wahren? – diese Frage ist rein rhetorischer Natur. Wie schnell die Sehnsucht nach Reinheit der Kirche sich mit der Gewaltproblematik verbindet, zeigen diese Beispiele.

An der neuen Haltung, die Congar fordert, hängt somit eine Reihe wichtiger Themen: die Frage der Hochschätzung Andersdenkender und Andersglaubender, die Fähigkeit zur Barmherzigkeit gegenüber schuldig gewordenen Menschen, die Fähigkeit der Kirche, mit den schwachen Menschen mitzufühlen, das Wahrheitsverständnis, das keine von allen irdischen Realitäten unbeeindruckte Wahrheit beansprucht, die Wertschätzung der Freiheit anderer Menschen. Denn auch die Kirche zeigt, indem sie schuldig wird, den Wert der Freiheit, den Gott ihr zubilligt. Das ist die positive Kehrseite der Schuld, die auch Christen auf sich laden. Sie leben in derselben Freiheit, die missbraucht werden kann, wie ihre anders- oder ungläubigen Zeitgenossen auch. Und sie können von anderen nicht die Reinheit fordern, die sie selbst zu leben unfähig sind. Als Christ unter der Gnade kann man dieses Faktum recht gelassen nehmen.

2. Keine Ecclesia ohne die lebendige Gemeinde

Yves Congar zeichnet ein vielleicht sehr ideales Bild der frühen Kirche vor Konstantin, und die Entwicklung wird recht holzschnittartig in ein vor und nach Konstantin eingeteilt. Dass Ideal und Wirklichkeit der Gemeinden auseinanderklaffen, zeigen ja bereits die Paulusbriefe in beeindruckender Deutlichkeit. Dennoch muss es nicht schlecht sein, sich der eigenen Wurzeln zu besinnen. Dabei sind bestimmte »Symbole der Kirche«[36], also Kirchenbilder durchaus handlungsleitend, oder sie bilden die Realität ab. Wenn etwa Paulus von der Gemeinde als Leib spricht (1 Kor 12), verdeutlicht er den Gläubigen ihre Geistbegabung und gegenseitige Verantwortung, spricht aber aller Wahrscheinlichkeit nach auch von einem Ideal, das im Alltag längst nicht erreicht ist. Kirchenbilder beschreiben Gabe und Aufgabe gleichermaßen. In diesem Sinne können wir auch die Idealisierung frühchristlicher Gemeindegestaltung verstehen, wie Congar sie von späteren Zeiten abgrenzt. Kennzeichen eines späteren Kirchenverständnisses kann man gut als »metaphysische« Idee von Kirche bezeichnen. Dabei steht das »Ich« des einzelnen dem »Wir« einer von ihm losgelösten kirchlichen Gemeinschaft gegenüber. Kirche versteht sich hier als eine Größe, zu der der Einzelne hinzutritt, aber die auch ohne ihn existiert (31). Theologisch ist eine solche Vorstellung legitim, sie ist jedenfalls eine Seite des katholischen Kirchenverständnisses. So wie es eine christliche Idee von einer Wahrheit gibt, die Udo Schmälzle folgendermaßen skizziert: »der ›normativ über uns ausgebreitete Himmel‹«[37], so gibt es eine entsprechende Lehre von einer Kirche, die als himmlische Größe über uns steht, und der sich der einzelne Gläubige anpassen kann oder eben nicht. Die Wirklichkeit der Kirche wird dann vom einzelnen nicht in ihrem eigentlich Sein und Wesen berührt.

Congar setzt als Voraussetzung für eine diakonische Kirche einen anderen Akzent. Ecclesia – Kirche ist nur zu verstehen als Einheit der Christen, als ihre Versammlung an einem konkreten Ort, zu einer konkreten Zeit. Immer wieder kommt er darauf zu sprechen, dass kirchliche Theo-

---

36 | So der Titel eines Buches von Hugo Rahner über frühchristliche Kirchenbilder (Salzburg 1964).
37 | Udo Schmälzle, Nomen est omen? Was die Namenswahl von Papst Franziskus erwarten lässt, in: HerKorr 67 (2013) H. 7, 335–340, hier 336.

lie Kirche nie losgelöst von den Menschen betrachten darf.
nnach keinen Wert in sich, sondern erhält ihren Wert im
len lebendigen Menschen, dem sie zu dienen hat. Kirche
nte sind Werkzeuge des Geistes, deren sich Gott bedient,
elnen Menschen seine Nähe zu schenken. Kirche und der
ie die konkrete Gemeinde bilden eine untrennbare Einheit
miteinander.

Diese Idee hat zahlreiche Konsequenzen, die Congar nur kurz andeutet. Sie nivelliert keineswegs eine notwendige Hierarchie in der Kirche, verweist aber auf die gemeinsame Verantwortung aller für den Glauben, die Liturgie, das Apostolat und das soziale Leben der Kirche (31). Die Bedeutung des kirchlichen Amtes erfährt eine erhebliche Anerkennung, denn es versteht sich, »dass der Bischof in der Kirche und die Kirche im Bischof ist« (Cyprian, 31). Damit ist nun nicht gemeint, dass allein der Bischof die Kirche repräsentiert, ganz im Gegenteil. Congar zieht aus diesem Satz die Folgerung, dass es kein legitimes Amt in der Kirche geben könne, das seine Autorität gegen die konkrete Gemeinde ausspielt. Hierarchie und Gemeinde sind nicht voneinander zu trennen. Ein Amtsträger, der nicht in einem lebendigen Kontakt zur Gemeinde steht und deren Wertschätzung erfährt, hat seine geistliche Autorität verloren. Er stellt die notwendige Verbindung des Amtsträgers (Bischofs) zu seinem transzendenten Ursprung auf eine Stufe mit seiner Beziehung zur konkreten christlichen Gemeinde.

Was Congar als kirchliche Grundvoraussetzung formuliert, entspricht dem Aufbau von Lumen Gentium, wo der Volk-Gottes-Gedanke entfaltet wird, bevor er sich dann in der hierarchischen Sichtweise der Kirche konkretisiert:

»Zu dieser Zeit (frühe Kirche, P. K.) ist tatsächlich die erste und entscheidende Realität der Ekklesiologie die ecclesia selbst, das heißt das Ganze, die Gemeinschaft oder die Einheit der gläubigen Menschen. Das kann wie ein Gemeinplatz aussehen. Aber Jahre des Studiums und des Nachdenkens über die Geschichte der ekklesiologischen Lehrmeinungen haben uns überzeugt, daß dies kein Gemeinplatz, daß es vielmehr eine Feststellung von höchster Bedeutung ist. Die ganze Auffassung der Autorität und die Ausgewogenheit des ganzen

Traktates hängt davon ab. (...) Das Oberhaupt der Kirche, der Bischof, ist zunächst selbst einmal Christ, und das sagt er auch« (39).

Es versteht sich von selbst, dass es nicht ausreicht, dies zu sagen, ohne es auch zu leben. Kirchliche Autorität, um die es hier auch geht, wird erreicht, indem sie Vorbild im Glauben und Lieben ist. Wenn Kirche sich als eine solche Einheit aller versteht, kann man in der Verkündigung legitim nicht mehr als Kirche Forderungen an den einzelnen Christen stellen, die Kirche nicht auch an sich selbst als handelndes Subjekt formuliert. Es kann dann nicht mehr sein, dass die Kirche Umkehr fordert, die sie als Ganze nicht zu leisten bereit ist. Aufgabe des Amtes ist es, alle Gläubigen zur Entfaltung ihres eigenen unverzichtbaren Charismas zu führen. Das Amt ist eingebettet in die große Einheit der Kirche:

Die Weihe ist »nicht allein die hierarchische Weitergabe von Vollmachten, sondern auch die Weihe einer Bewegung, durch welche die Kirche ihre Liebe ›weiht‹ und sich als Ganzes aufbaut, entsprechend dem Wert der Diakonie, die mit der ›qualitas‹ des Christlichen selbst gegeben ist.«(67)

Ein diakonisches Verständnis von Kirche besteht in dieser erfahrenen Einheit aller, die zur Kirche gehören und ohne die Kirche nicht zu denken ist. Diese Einheit und Zusammengehörigkeit aller zeigte sich Congar zufolge in der frühen Kirche

»in der öffentlich bekundeten Sorge, dieser Gemeinde Rechenschaft abzulegen oder sie über Sorgen bringende Ereignisse auf dem laufenden zu halten – während man diese heute ihrem Urteil oder sogar ihrer Kenntnis zu entziehen sucht. Man lese hierzu die Predigten, in denen Augustinus seinem Kirchenvolk über seine Lebensführung und die Grundsätze berichtet, auf die er das Zusammenwirken seines Klerus mit der Funktion des Bischofs gründen wollte. Er ging ohne Zögern so weit, frei und öffentlich eine peinliche Affäre eines seiner Priester zu besprechen, der sich in eigenen Angelegenheiten allzu geschäftstüchtig erwiesen hatte. Wer würde heute noch so sprechen? Indem Augustinus über die Art und Weise, wie seine Priester und Kleriker mit ihm leben sollten, Rechenschaft gab, stellte er das ganze Leben der ecclesia in helles Licht und sicherte sich in diesem Licht die tiefe Zustimmung seiner Gläubigen.« (41)

Kirche als eine solche Einheit lebt von der gegenseitigen Offenheit und dem Vertrauen in die Rechtschaffenheit aller. Congar trifft den Nagel auf den Kopf und seine Ausführungen haben nichts an Aktualität verloren. Mangelnde Offenheit, Vertuschung, Schönfärberei u. ä. sind bis heute immer wieder Anlass für die Zerstörung der kirchlichen Einheit und damit für den Verlust ihrer Autorität, welche die Kirche nicht für sich hat, sondern um dienen zu können. Die Erfahrung, dass die Kirche an die Menschen Forderungen richtet, welche sie als Ganze nicht zu leben bereit ist, schadet ihrem Dienst erheblich. Congar erinnert an eine theologische Grundlage kirchlichen Handelns, deren Relevanz sich dem aufmerksamen Zeitgenossen Tag für Tag neu erschließt.

32 Der Gedanke, dass die Kirche im Einzelnen lebt, ist von Beginn der Kirche an kein fremder Aspekt.[38] Durch die Taufe und den Geistempfang durfte der Christ glauben und erfahren, selbst Kirche, Tempel Gottes, geworden zu sein. Er verändert sich und beginnt eine neue Existenz. Er darf Christus repräsentieren und damit selbst Bild der Kirche sein. Congar kehrt diesen Blickwinkel um: Nicht der Einzelne richtet seinen Blick auf die Kirche, die er sein darf, sondern die Kirche als ecclesia nimmt den Einzelnen wahr, auf den sie nicht verzichten kann. Diese Sichtweisen schließen sich nicht aus, sondern ergänzen sich. Für ein diakonisches Verständnis der Kirche ist Congars Gedanke äußerst fruchtbar. Denn der Beginn jeden diakonischen Handelns ist die Wertschätzung des Einzelnen und das Bewusstsein, auf ihn nicht verzichten zu können. Wenn heute etwa, wie Sinus-Studien belegen, viele, besonders auch arme Menschen von der Kirche nichts mehr erwarten, zeigt dies die Zerstörung der Einheit, von der die frühchristlichen Theologen noch sprechen konnten. Die Treffsicherheit der Analyse Congars, die immerhin 50 Jahre alt ist, belegt der Blick in ein Buch Franz-Xaver Kaufmanns.[39] Er konstatiert eine »wachsende Entfremdung auch gläubiger Katholiken von der Institution Kirche« ebenso wie die »Entfremdung des Episkopats und insbesondre der römischen Kurie von den Lebenswirklichkeiten der katholischen Laien«[40], welche er an dem Ausstieg aus der Schwangeren-Konfliktberatung, dem Festhalten an bestimmten Haltungen zur Ehemoral und an

---

38 | Vgl. dazu Kohlgraf, Glaube im Gespräch, 481f.
39 | Vgl. Franz-Xaver Kaufmann, Kirchenkrise. Wie überlebt das Christentum?, Freiburg – Basel – Wien 2011.
40 | Ebd. 139.

einer Bischofsgeneration festmacht, die selbst nicht mehr vom II. Vatikanum geprägt wurde. Eine »Vergreisung« der Klerikerkirche[41] ist sicher auch nicht von der Hand zu weisen. Geistliche Berufe aber werden nicht geweckt, wenn nicht die Einheit aller Glieder der Kirche und ihre gemeinsame Verantwortung ins Bewusstsein rücken. Je mehr man, so die These Congars, den Priester aus der Gemeinschaft heraushebt, desto weniger Autorität wird er haben und, dies kann man heute sicher feststellen, desto unattraktiver wird dieser Beruf. Schließlich nennt Kaufmann auch die Missbrauchskrise als einen Beleg für die Weitsicht Congars, der von der Notwendigkeit zu Offenheit und Umkehr sowie der Fähigkeit zur Selbstkritik spricht.

41 | Ebd. 140.

3. Taufbewusstsein und Klerikalisierung

Ein wichtiges Stichwort, das Congars Ausführungen prägt, ist das Bemühen des Christen, ein »geistlicher« Mensch zu werden. Das betrifft nicht nur die Amtsträger, sondern das gesamte Volk Gottes. Er sieht das Hauptziel kirchlichen Handelns darin, geistliche Menschen heranzubilden (40). Damit meint er nicht in erster Linie eine bestimmte Form von Frömmigkeit oder einer speziellen Ausformung eines sogenannten »Geistlichen Lebens«, so wie man es etwa vom Priester oder von Ordenschristen fordert. Vielmehr hängt das Bemühen um ein geistliches Leben eng mit dem oben dargestellten Kirchenverständnis zusammen, das Abschied nimmt von der Kirche als einem »überpersonalen Rechtssubjekt« (40). Vielmehr soll sich jeder Christ hineingenommen wissen in den Bund Gottes:

»Es geht um eine Ganzheit von Menschen, die beten, fasten, büßen, um Gnade flehen, den geistlichen Kampf führen und darum ringen, daß in ihnen der Geist Christi triumphiere.« (40)

Die uns fremd anmutende Sprache ist wohl dem Zeitgeschmack geschuldet. Im Kern geht es aber um das Bemühen jedes Glaubenden, durch eine lebendige Beziehung zu Christus Träger des Hl. Geistes zu werden, der das gesamte Leben durchstrahlt. Im Zusammenhang seiner Überlegungen zum kirchlichen Amt geht es Congar um die persönliche Glaubwürdigkeit des Amtsträgers; bezieht man den Gedanken auf alle Christen, dann zeigen alle Christen mit einer solchen geistlichen Haltung die Lebendigkeit des Bundes Gottes, der in der Kirche lebendig bleibt und alle Glaubenden in den Dienst für andere nimmt. Jeder Glaubende repräsentiert die Kirche, jeder steht ein für den Bund Gottes. Der Geist verhindert, dass sich christliches Leben in Rechtsbegriffen und hohlen Worten erschöpft. Dem einzelnen Gläubigen muss bewusst sein, dass er ein konstituierendes Element von Kirche bildet und sein eigenes geistliches Bemühen für das Leben der Kirche entscheidend ist. Eng mit dieser vom Geist geführten Anthropologie hängt für Congar die Hochschätzung des Gewissens des einzelnen Glaubenden zusammen. Wenn jeder wirklich

Kirche darstellt und im Bund mit Christus sein Leben zu gestalten versucht, ist für die gesamte Kirche sein Gewissensurteil von unschätzbarem Wert. Auch ein Gewissensurteil kommt nicht allein durch das Abwägen kirchlicher Moral- und Rechtsnormen zustande, sondern durch ein zutiefst aktives Zusammenwirken des Geistes Gottes mit dem Menschen. Congar erinnert daran, dass man in der Kirche eine gewisse Spannung nicht zu einer Seite hin auflösen darf. Es gibt Kirchenbilder, welche die tiefe Einheit zwischen Christus und Kirche beschreiben, aber auch solche, die Kirche und Christus gegenüberstellen, so dass es keine völlige Deckungsgleichheit zwischen Kirche, ihren institutionellen Formen und Themen der Verkündigung geben kann. Wenn dies schon für die Ekklesiologie als Ganze gilt, dann erst Recht für den Gewissensbereich des Einzelnen.

Die Stärkung einer spirituellen Anthropologie verfolgt das Ziel, Menschen mit starker Persönlichkeit zu wecken, zu bilden und ihre Selbstständigkeit zu erhalten. Kirche lebt davon, dass sie Menschen zu Selbst-Denkern heranbildet. Die Kirche soll Menschen wieder entdecken, die gerade in ihrer Humanität wahre Christen sind. In diesem Sinne zitiert Congar Alfred Loisy, der einmal die Klage ausgestoßen hat: »Die Kirche möchte viel regieren, aber sie erzieht zu wenig« (54). Erziehung meint hier genau diese Heranbildung selbstbewusster glaubender Menschen, die aus eigener Überzeugung und aus der eigenen Geistbegabung heraus handeln. Dabei sind wir nun spätestens beim diakonischen Gesichtspunkt. Denn wahres Christentum wird sich im konkreten Leben der Gläubigen, wenigstens Congar zufolge, weniger in der Orthodoxie als in der wahren Humanität erweisen. Das Erziehungsziel der Kirche besteht mehr in der Sensibilisierung für humanes Verhalten als in der Vermittlung einer theoretischen Glaubenslehre. Dass Congar kein reiner Humanist ist, hat er hinreichend mit Hilfe der Pneumatologie nachgewiesen. Es geht ihm um ein Handeln aus der Erfahrung des Bundes mit dem lebendigen Gott.

In heutigen Diskussionen tauchen ähnliche Ansätze etwa im Zusammenhang mit der Stärkung des Ehrenamts wieder auf. So wie Congar die Aufgabe des Klerus darin sieht, geistliche Menschen zu erziehen und deren Selbstständigkeit wertzuschätzen, wird heute von den Seelsorgerinnen und Seelsorgern zu Recht verlangt, Charismen in den Gemeinden zuzulassen und ehrenamtliches Engagement zu ermöglichen.[42] Stefan Gärtner sieht die heutige Problematik darin, dass hochprofessionalisierte Hauptamtliche für das Ehrenamt in den Gemeinden Motivierte oft eher abschrecken als gewinnen. Er plädiert daher für ein konsequentes Subsidiaritätsprinzip, welches die Profession der Hauptamtlichen als Grundlage für ehrenamtliches Engagement aller Gemeindeglieder versteht. Wenn Gärtner dies längst noch nicht verwirklicht sieht, unterstreicht dies die hohe Aktualität der »spirituellen Anthropologie« Yves Congars.

Dass sich heute neue Formen der Klerikalisierung herausbilden, zeigen die Gedanken Stefan Gärtners. Beziehen früher (und heute) Kleriker ihre Autorität aus der Weihevollmacht (als Besitz!), heben sich neue hauptamtliche Mitarbeiterinnen und Mitarbeiter durch ihre Professionalisierung von anderen Gläubigen ab und werden so, gewollt oder ungewollt, wiederum zu den eigentlich Befähigten gegenüber anderen »Laien« in der Kirche.

Das wirkliche Ernstnehmen der Geistbegabung aller Getauften hat vielleicht in den letzten 50 Jahren in der Theorie zugenommen, aber eine gewollte Umsetzung steht damit offenbar noch aus. Dem entsprechen auch zahlreiche Predigten von Papst Franziskus, der wiederholt vor Klerikalismus gewarnt hat[43]:

»Ich will ein Durcheinander! Ich will Bewegung in den Diözesen«, forderte Franziskus die jungen Gläubigen in Rio de Janeiro auf. »Ich will, dass die Kirche den Menschen näher kommt. Ich will den Klerikalismus abschaffen, das Irdische, dieses sich Abschotten in uns selbst, unseren Pfarreien, Schulen und Strukturen«,

sagte er vor argentinischen Jugendlichen beim Weltjugendtag in Brasilien im Sommer 2013. Der Papst bringt einen wichtigen ergänzenden Hinweis. Christliches Engagement wird oft zu sehr innergemeindlich beschränkt. Demgegenüber verweist der Papst auf den missionarischen Charakter kirchlichen Handelns. Dabei wird deutlich, dass es ihm nicht

---

42 | Vgl. etwa Stefan Gärtner, Vor Risiken und Nebenwirkungen wird gewarnt. Beobachtungen zur Professionalisierung der Pastoral, in: PThI 32 (2012) H. 1, 27–47, hier bes. 46f.

43 | http://www.n24.de/n24/Nachrichten/Panorama/d/3247752/-ich-will-den-klerikalismus-abschaffen-.html (Zugriff 6.9.2013).

allein um eine Wortverkündigung geht, sondern ein geistbewegtes Handeln aller, die sich als Christen verstehen. Erstaunlich nahe ist der Papst hier an den 50 Jahre alten Texten Congars. Sowohl der Papst als auch Congar formulieren eine wichtige Ergänzung zu den Ehrenamtsdebatten, die als Beispiel dienen sollten für heutige Überlegungen. Man kann sich über Begriffe trefflich streiten: Amt, Ehrenamt und das Engagement klingen kühler und nüchterner als der Versuch, christliches Handeln als spirituellen, d.h. geistbewegten Vollzug des Menschseins zu beschreiben. Und sie setzen ein vielleicht schmerzhaftes Fragezeichen an ein an der Selbstverwirklichung und Selbstbestätigung orientiertes Engagement in Kirche und Gemeinde. Christliches Tun drängt hinaus aus den Mauern, daran erinnert der Papst. Daneben öffnen Congar und Papst Franziskus den Blick für die vielen Menschen, die heute die Kirche darstellen in der Verwirklichung wahrer Humanität.

Ein letzter Gesichtspunkt im Hinblick auf die »spirituelle Anthropologie«: Der Geist beschränkt sich nicht auf die Menschen innerhalb der Kirche. Der Ansatz Congars öffnet den Blick für das Wirken des Geistes in der Verwirklichung der Humanität auch außerhalb der Kirchenmauern durch Nichtchristen. Auch diesen Menschen hochachtungsvoll zu begegnen, ermöglicht eine spirituelle Anthropologie.

4. Eine Kirche im Dialog

Man kann sich an der ein oder anderen Stelle der Ausführungen Congars darüber streiten, ob er die Zeit der frühen Kirche nicht zu positiv und die sich daran anschließenden kirchlichen Entwicklungen nicht zu negativ beurteilt. Er selbst kommt dem Einwand vorweg, die ekklesiologische oder amtstheologische Begrifflichkeit lasse sich bereits in der frühen Kirche finden, so dass es sich um eine kontinuierliche Entwicklung handle. Tatsächlich lassen sich viele theologische Linien bereits in der frühen Kirche finden, massiv verändert habe sich jedoch das Klima in der Kirche.

Aus dem Bewusstsein, selbst aus der Gnade zu leben und eine Gemeinschaft zu bilden, in der alle aufeinander angewiesen sind, habe sich der bereits dargestellte Rechtscharakter kirchlichen Handelns herausgebildet. Die Kirche tritt den Gläubigen als unanfechtbares Rechtssubjekt gegenüber. Die Amtsträger und unter ihnen besonders der Papst repräsentieren diesen Besitzanspruch der Kirche auf die Wahrheit. Der Kirche sei es oft mehr um die Gültigkeit etwa der Liturgie gegangen, als das Herz zu erreichen (78). Auch in der Begegnung mit den Menschen habe man Sachverhalte behandelt und nicht mehr Seelsorge betrieben. Menschen würden so in fertige, korrekte Konzepte hineingesteckt, aber nicht mehr als Gesprächspartner ernst genommen. In Bezug auf die »Welt« habe die Kirche über die Jahrhunderte hinweg einen ebenfalls juridischen Standpunkt eingenommen, indem sie Zuständigkeiten im Sinne einer Gewaltenlehre geklärt habe. Congar zieht ein bedrückendes Resümee der Situation seiner Zeit:

> »Es gibt Formen der Ehrwürdigkeit, Formen einer ›Aura‹ oder des Geheimnisses um uns herum, die heute einen zu unseren Wünschen im Gegensatz stehenden Erfolg erzielen. Sie halten nicht nur die Menschen von uns fern, sondern auch uns fern von ihnen, indem sie uns die wirkliche Welt ihres Lebens moralisch unzugänglich machen. Das wiegt äußerst schwer. Darum begegnen wir den Menschen nicht mehr da, wo sie meist sind, wo sie sich frei aussprechen, wo sie ihre wirklichen Nöte und Freuden erfahren, wo sie auf ihre echten Probleme stoßen. Wir laufen Gefahr, in ihrer Mitte zu leben und dabei durch einen Ring von Trugbildern von ihnen getrennt zu sein.« (96f.)

Die diagnostizierten Probleme bezieht er auf verschiedene Ebenen. Kleriker leben abgehoben von der Welt der »normalen« Gläubigen, und die Kirche und ihre Glieder oft in einer selbstgemachten Scheinwelt gegenüber den Realitäten, in denen sich ihre anders- oder nichtgläubigen Zeitgenossen bewegen. Die Therapie besteht in einem ehrlichen Dialog, innerhalb der Kirche, der Kirche mit anderen Konfessionen und der Kirche mit »der Welt«:

>»In diesem Gespräch findet jeder die Wahrheit seines Seins, in dieser Vergemeinschaftung empfängt man die Impulse, welche die Forderungen der eigenen Überzeugungen zu erfüllen gestattet. (...) Eine Kirche im Dialog wird auch eine arme und dienende Kirche sein.« (97f.)

Ist es vermessen festzustellen, dass diese Wahrnehmungen nichts an Aktualität eingebüßt haben? Zwar gibt es sicher mehr Dialogforen und institutionalisierte Gesprächsebenen, aber der hier angesprochene Dialog meint weniger eine Quantität der Gespräche, als vielmehr eine bestimmte Qualität, Grundhaltung und Gesprächskultur innerhalb der Kirche. Zum Nachdenken über eine diakonische Kirche gehört folglich auch eine dialogische Grundhaltung aller am Gespräch Beteiligten. Was das heißt, soll im Folgenden näher untersucht werden.[44]

Am anderen nicht nur das wahrnehmen, was ich sehen will

Beginnen können wir ganz weltlich, bevor wir uns zu den theologischen Quellen vorwagen: mit der Geschichte vom schlauen Pferd. 1904 ereignete sich in Berlin die Geschichte des schlauen Hans.[45] Hans war ein 8-jähriger Hengst eines pensionierten Lehrers. Ihm gelang es, die Kommunikation zwischen Mensch und Tier herzustellen. Der schlaue Hans konnte mathematische Aufgaben lösen und buchstabieren. Für diese

44 | Die Ausführungen zum Dialog fußen auf einem Vortrag vor dem Priesterrat der Diözese Limburg am 5.12.2012, der nur im Protokoll veröffentlicht ist.

45 | Diese Geschichte wurde in einem Artikel der Frankfurter Allgemeinen Sonntagszeitung am 25.11.2012 vorgestellt. Der Text hier ist beinahe wörtlich entnommen: http://schlauerhans.wordpress.com/2011/11/30 (28.11.2012).

Zwecke hatte er das Alphabet auswendig gelernt. Einmal klopfen für a, zweimal für b. usw. Er begeisterte mit seinen Kunststücken nicht nur die Massen, die Euphorie erfasste auch die Fachleute. Zur Untersuchung des Phänomens wurde sogar eine Expertenkommission gegründet. Doch selbst die Experimente, bei denen Zeichen des Trainers ausgeschlossen werden sollten, meisterte Hans. Die Freude währte jedoch nur drei Monate, solange bis ein Gutachten die Wahrheit ans Licht brachte. Das Gutachten kam zunächst zu der Schlussfolgerung: Es gab keine absichtlichen oder unabsichtlichen Täuschungen. Die Wissenschaftler forschten aber weiter und stellten fest, dass der schlaue Hans keine Aufgaben lösen konnte, wenn keinem der anwesenden die Lösung bekannt war. Hans hatte sich tatsächlich durch Training darauf spezialisiert, menschliche Gestik zu deuten und, zum Beispiel beim Zählen, mit dem Hufstampfen aufzuhören sobald die Anwesenden dies durch ihre Körpersprache kommunizierten – und er seine Belohnung bekommen konnte.

Was heißt das für menschliche Kommunikation, für unsere Frage nach dem Dialog? Jeder der beteiligten Parteien nahm vom anderen nur das wahr, was er wahrnehmen wollte. Hans, das schlaue Pferd, deutete die menschlichen Körpersignale und freute sich auf die Belohnung. Die Menschen nahmen am Pferd nur das wahr, was sie sehen wollten: seine einzigartige Klugheit. Tatsächlich war das Pferd wohl der schlauere Part in dieser Geschichte, dennoch konnte es nicht rechnen. Mag diese Geschichte auch eine humorvolle Historie sein, zeigt sie doch Grundstörungen menschlicher Kommunikation auf. So legen wir den anderen oft auf Rollen fest, aus denen er einfach nicht mehr herauskommt. Dialog zu führen hieße dann, eine neue Brille aufsetzen, am anderen neue Sichtweisen wahrnehmen zu wollen, und nicht schon zu wissen, was kommt. Aus den Vorurteilen kommt der andere oft nicht mehr heraus, wenn es nicht eine Unterbrechung der Spirale gibt. Ähnliche Phänomene finden sich im Kontext der Familientherapie, wo es darum geht, Kommunikation wieder zu ermöglichen.

Autorität ohne Gewalt – das Prinzip der elterlichen Präsenz [46]

Zu Beginn sei das Beispiel einer normalen leidgeplagten Familie illustriert[47]: Eltern stellen Regeln auf, das Kind hält sich nicht daran. Konsequent beharren die Eltern auf Einhaltung, das Kind wird zunehmend bockiger, ein Teufelskreis ist eröffnet. Es gibt Familienkonstellationen, die alle Mitglieder gleichermaßen lähmen, weil sie in eine Spirale von Verhaltensmustern geraten, die sie nicht mehr frei handeln lässt. Keiner will das Gesicht verlieren. Eltern meinen, Autorität einzubüßen, wenn sie sich auf Kompromisse einlassen, das Kind will sich nicht erniedrigen lassen, indem es kapituliert. Der Grund liegt in einem Machtgefälle zwischen Eltern und Kind. Eine Ausrichtung der Interaktionspartner an dem Prinzip von Macht und Herrschaft beruht auf dem Prinzip von Sieg und Niederlage, Belohnung und Strafe. Es erniedrigt das Kind, wenn das Ziel der elterlichen Autorität die Kapitulation ist. Es lässt die Eltern hilflos zurück mit der Angst, das Gesicht und die Autorität zu verlieren[48]:

»Es muss nicht verhindert werden, dass sie (die Konflikte, P. K.) auftreten, sondern dass sie chronifiziert werden. Ein typisches Kennzeichen hochgradig eskalierter Konflikte ist eine ›Rachedynamik‹, in der jede der Parteien sich ungerecht behandelt fühlt und nur die eigenen ›offenen Rechnungen‹ sieht, die es auszugleichen gilt. So ergibt sich ein Teufelskreis, der manchmal mit den ursprünglichen Anlässen nichts mehr zu tun hat. Vielleicht ist es ein Kennzeichen solcher eskalierenden Dynamiken (die sich ja auch in anderen sozialen Bereichen entwickeln können), dass sie sich verselbständigen, dass in ihnen die Wahrnehmung zunehmend verengt und dass die Beteiligten immer mehr auf sogenannte affektlogische Schemata zurückgreifen, in denen nicht mehr differenzierte Unterscheidungen getroffen werden, sondern die auf einfache Muster hin polarisieren: Gut-Böse, Freund-Feind, Täter-Opfer. (...) Der andere ist böse, dumm oder bestenfalls krank – und der Täter. Man selbst ist gut – und das Opfer. Es

---

46 | Haim Omer/ Arist von Schlippe, Autorität ohne Gewalt. Coaching für Eltern von Kindern mit Verhaltensproblemen.»Elterliche Präsenz« als systemisches Konzept, Göttingen ⁴Auflage 2004 (Zitation aus dieser Auflage).
47 | Vgl. ebd. z. B. 36–49.
48 | Ebd. 178f.

gibt nur noch Sieg oder Niederlage. Für Ambivalenzen oder Mehrdeutigkeiten bleibt kein Platz. Alon und Omer sprechen in diesem Zusammenhang von einer zunehmenden ›Dämonisierung‹ der Wahrnehmung. (...)Das Konzept der elterlichen Präsenz führt in diese dualisierende Entweder – Oder-Logik etwas Neues ein. Mit dem gewaltlosen Widerstand wird eine Differenzierung angeboten, die in dem eskalierten Zustand ausgeschlossen war. Ein kontinuierliches Angebot zu verhandeln, ein immer wieder deutlich gegebenes Signal, dass man es nicht darauf anlegt, den anderen zu demütigen oder zur Kapitulation zu zwingen. Hierzu ist jedoch ein aktiver Schritt erforderlich, sich auf einer anderen Ebene zu bewegen als vorher. Diesen ersten Schritt können die Eltern oft eher machen als die Kinder. Die Fähigkeit, einen Fehler zu erkennen und eine andere Richtung einzuschlagen, ist dabei kein Zeichen von Schwäche oder Unschlüssigkeit.«

Was heißt in diesem Zusammenhang Autorität? Vom Gedanken der Machtausübung wird Abschied genommen, jeder hat in dieser Interaktion eigene Autorität. Zwar bleibt das Machtverhältnis ungleich, dennoch beginnen beide Seiten auf der Basis der Gleichberechtigung der Stimmen zu verhandeln. Dafür müssen beide Partner wirklich da sein, präsent sein. Das heißt, jeder muss wirklich er selbst sein, nicht nur Ausführender des Willens des anderen. Die Eltern sind nicht einfach Vollstrecker des Kindeswillens, es ist auch falsch, einfach nur deshalb zu handeln, um geliebt zu sein. Bei dem Dialog geht es darum, jemand zu sein, mit eigenen Gefühlen, Gedanken und Wünschen. Auch das Kind hat Autorität, es hat eine legitime eigene Sicht, und nun kann begonnen werden, dass sich Personen als Individuen auf Augenhöhe begegnen. Zum Dialog gehören klare Absprachen, wirkliches Ernstnehmen, insofern etwa das Kind auch eigene Verantwortung tragen und Konsequenzen für eigene Entscheidungen akzeptieren lernt. Auf unsere kirchliche Familie kann dies unschwer übertragen werden:
Dialog kann damit leben, dass es Hierarchien gibt, es geht nicht um die Nivellierung von Zuständigkeiten. Hierarchie kann aber nicht Macht bedeuten, die auf Kapitulation setzt, oder mit Belohnung oder Strafe Entscheidungen durchzusetzen versucht. Wo sich das Rechthaben nur aufgrund hierarchischer Stellung durchsetzt und nicht durch den Austausch

guter Argumente, wird kirchliche Macht unwirksam im Sinne des Evangeliums. Der Amtsträger ist dabei auch nicht einfach Vollstrecker des Volkswillens. Das wäre auch schon amtstheologisch nicht haltbar. In diesem Interaktionsprozess sind Konflikte gar nicht schlimm, aber die Beteiligten dürfen nicht in diese Spirale geraten, von der gesprochen wurde, aus der keiner mehr ohne scheinbaren Gesichtsverlust herauskommt. Sie dürfen also nicht chronisch werden. Dafür muss einer beginnen, aus dem Teufelskreis auszusteigen, was kein Zeichen von Schwäche ist. Autorität erwirbt sich der »Elternpart«, indem er verlässlich, authentisch präsent ist, zu Haltungen steht, seine Entscheidungen transparent bleiben, dass er sich vor nichtssagenden Floskeln hütet, dass er dem Partner Eigenständigkeit und Verantwortung zutraut, ohne ihn zu verdächtigen. Der »Kindespart« muss zu Vereinbarungen stehen, er darf nicht mehr versuchen, vielleicht unrealistische Forderungen zu erpressen, er darf den anderen nicht gebrauchen als verlängerten Arm oder Instrument seiner Wünsche. So erwirbt sich auch das »Kind« Autorität in diesem Prozess des Miteinanderlebens. Das ist ein ständiger Balanceakt der Meinungsfindung. Dialog meint also etwas anderes als ein einmaliges Gespräch oder allein eine höhere Quantität von Gesprächen, auch wenn diese dazu gehören kann. Er meint eine bestimmte respektvolle Grundhaltung vor dem anderen, das Aushalten unterschiedlicher Sichtweisen, die Fähigkeit, flexibel und dennoch mit sich identisch zu bleiben. Solch ein Dialog hat mit Logos zu tun, mit einer vernünftigen, sachbezogenen Betrachtung der zu behandelnden Sache. Es zählen die Argumente, nicht der Rang oder das Ansehen. Zu diesem Dialog gehört das Vertrauen in den guten Willen des anderen. Jeder ist Teil der Lösung, nicht Herr. Unaufgebbare Dominanz tötet jeden Dialog.

Biblisch[49]

Der Dialog ist ja in biblischer Zeit in der platonischen Philosophie etwa als Mittel der gemeinsamen Wahrheitsfindung durchaus bekannt. Dabei geht es darum, durch einen überlegenen Gesprächspartner im Dialog die Wahrheit zu entdecken, die im Menschen steckt. Dieses Dialogverständ-

49 | Vgl. Gottlob Schrenk, Art. Dialogizomai, in: Gerhard Kittel (Hg.), Theologisches Wörterbuch zum Neuen Testament, Bd. 2, Stuttgart 1935, 95–98.

nis übernimmt die Hl. Schrift offenbar ganz bewusst nicht. Dialog ist Reden zu Gott und vor Gott. Menschen finden im Gespräch nicht die Wahrheit, so sieht es wohl die Hl. Schrift, sondern sie hören auf das Wort Gottes, dem sie verpflichtet sind. Maria dialogisiert das Wort des Engels und der Hirten in ihrem Herzen. In den Dialogen Jesu etwa im Johannes-evangelium tritt Jesus ja keineswegs als gleichberechtigter, suchender Gesprächspartner auf, sondern er offenbart sich als die lebendige Wahr-heit, das lebendige Wort Gottes. Gott setzt gegenüber dem Menschen sein Recht in Geltung und ringt um die freie Zustimmung des Men-schen, dass es befolgt wird. Denn er weiß, dass sein Gebot für den Men-schen gut ist.

Der eigentliche Dialog, von dem die Hl. Schrift spricht, ist das Gebet, das Bedenken des Wortes Gottes. Aber auch hier ist ja Gott derjenige, der die Initiative ergreift. Er spricht den Menschen an, der Mensch kann das Wort Gottes im Herzen bewahren und in die Tat umsetzen. Wir werden sehen, dass dieser scheinbar zunächst harmlose fromme Gedanke Kon-fliktstoff in sich trägt.

Diese Beobachtungen bestätigen übrigens das, was auch eben vom Erzie-hungsprozess gesagt wurde. Es geht in erster Linie nicht um das einma-lige oder mehrmalige Sprechen als Technik oder Methode, sondern es geht um Grundhaltungen. Dialogisches Sprechen ist eine Möglichkeit, diese Grundhaltungen zu praktizieren. Darüber hinaus geht es um ei-nen Umgangsstil. Und da findet man, wenn man in der Hl. Schrift sucht, zahlreiche Belege dafür, welche konkreten dialogischen Auswirkungen das Bewusstsein hatte, vor Gott verantwortlich und dem anderen Men-schen verpflichtet zu sein. Es würde jetzt im Rahmen der biblischen Be-trachtung also zu kurz sein, allein nach dem Wort Dialog zu suchen und es mit den wenigen Bemerkungen, die ich gerade gemacht habe, gut sein zu lassen.

Jesus hatte eine Eigenschaft, die im Johannesevangelium so benannt wird: Ihm brauchte niemand etwas über den Menschen zu sagen, denn er wusste, was im Menschen ist (Joh 2,25). Das ist ein eindeutiger Hinweis auf die Göttlichkeit Jesu. Denn mit dem Ps 139 etwa können wir sprechen: Du kennst mein Inneres, von fern erkennst du meine Gedanken. Die dia-logische Haltung Jesu besteht also, wenn man es so sagen darf darin, in das Herz des Menschen zu blicken und genau zu erkennen, worin die Not und die Bedürftigkeit dieses Menschen besteht. In den Evangelien taucht ja manches Mal der Hinweis auf: Jesus blickte ihn an. Und dann kommt eine Aufforderung, ein Wort, eine Tat, die genau für diesen Menschen richtig ist. Jesus setzt kein theoretisches Dialogkonzept oder für alle gleichermaßen gültiges Pastoralkonzept um, sondern setzt den einzelnen, schwachen, sündigen und verwundeten Menschen an die jeweils erste Stelle. Dieser einzelne Mensch wird nicht in ein für alle gleichermaßen gültiges Pastoralkonzept gefasst oder gepresst, sondern das »Konzept« nimmt Maß an seiner Bedürftigkeit. Dafür braucht Jesus selbst keine »Dialoge« zu führen.

Die göttliche Gabe, ins Herz des Menschen zu schauen und zu wissen, was dem einzelnen fehlt, hat nun die Kirche nicht automatisch, weder das Volk Gottes als Ganzes, weder der Priester, noch der Bischof von Natur aus oder als Weihegnade empfangen. Wir alle können, wenn wir etwas von dieser dialogischen Haltung Jesu leben wollen, die mehr ist als eine Gesprächs- oder Pastoralmethode, diese Kenntnis des Menschen nur annähernd erlangen, wenn wir ihm gut zuhören. Das geistliche Leben wäre dann unverzichtbar, weil es uns ermöglicht, den anderen Menschen mit den Augen Jesu sehen zu lernen. Wer dialogisch im Sinne des Evangeliums oder der Hl. Schrift leben will, muss also ein Mensch sein, der nach zwei Seiten hinhört und von beiden Seiten lernt: Im Gebet auf das Wort Gottes hören, in der Begegnung mit dem Menschen ihn verstehen lernen. Viele Exegeten und auch die Offenbarungskonstitution *Dei Verbum* machen darauf aufmerksam, dass Jesus als Bote und Repräsentant der Gottesherrschaft keine abstrakten ewig gültigen Glaubenswahrheiten enthüllt, sondern dass christliche Offenbarung der Wahrheit allein als personale Begegnung geschieht. Er spricht uns an wie Freunde. Mit Freunden spricht man wohl in der Regel nicht von oben herab theoretisch belehrend, sondern von Angesicht zu Angesicht, nicht immer nur bestätigend, aber immer von Freundschaft und Wertschätzung getragen. Überall dort, wo der einzelne Mensch an seiner persönlichen Bedürftigkeit vorbei in eine Theorie passen muss und entsprechend eingepasst wird, wo christliche Wahrheit nicht einhergeht mit dem Bemühen, seine Bedürftigkeit kennenzulernen, und ihm als Freund zu begegnen, wird Wahrheit nicht offenbart, auch wenn sie noch so korrekt formuliert sein sollte. Wahrheit ohne personale Zuwendung, ohne echtes Interesse am anderen, ist christlich keine Wahrheit mehr, sondern deren Karikatur. Sollte also die Kirche, angefangen beim Bischof über die Priester bis zu den getauften und gefirmten Gläubigen mit echter Autorität die Wahrheit Gottes verkünden oder vertreten wollen, geht dies nur durch dialogische Menschen im beschriebenen Sinne: die ganz bei Gott, der uns in Christus anspricht wie Freunde, aber als Kehrseite der Medaille auch ganz beim Anderen sind. Sie begegnen dem anderen Menschen nicht mit dem Anspruch Jesu, schon zu wissen, was im Menschen ist, sondern bemühen sich, dies langsam und aufmerksam zu entdecken.

In der paulinischen Literatur finden sich hinsichtlich des Umgangs in der Kirche solche dialogischen Hinweise. Es fängt ja an beim charismatischen Gemeindemodell der Korinther. Natürlich beansprucht Paulus apostolische Autorität aus der Begegnung mit dem Auferstandenen. Und es gibt Grundwahrheiten, über die keine Mehrheiten abstimmen. Dennoch setzt Paulus das Fortbestehen der Gemeinde als Leib Christi auf die gegenseitige Rücksichtnahme, Achtung, und Unverzichtbarkeit jedes einzelnen Gliedes am Leibe Christi. Auch hinsichtlich der Verkündigung setzt Paulus einen eindeutig dialogischen Akzent: die Zungenredner, die nur sich selbst aufbauen und nicht den Bruder/die Schwester, werden deutlich in die Schranken gewiesen. Als es wegen der Speisegewohnheiten zu Konflikten zwischen Glaubensstarken und –schwachen kommt (Röm 14), durchbricht Paulus die Spirale der gegenseitigen Vorwürfe und Verdächtigungen derer, die Fleisch essen gegen die, die darauf verzichten und umgekehrt. Jeder soll von seiner Auffassung überzeugt sein, aber er soll es zur Ehre Gottes tun. Am Ende bestimmen aber die Schwachen das Tempo, nicht die Prinzipientreuen und Glaubensstarken: Jeder soll sein Leben im Geist führen, aber nur so lange, wie er den anderen nicht verwirrt und betrübt. Maßstab ist der Glaube, der gelebt wird und der Aufbau der anderen, der Aufbau von Gemeinde und Kirche.

Mit dem Bericht über das Apostelkonzil (Apg 15) liegt ein eindrucksvolles Zeugnis frühchristlicher Dialogkultur vor. Es wird heftig gestritten, aber der Streit wird nicht chronisch. Auf beide Seiten wird Rücksicht genommen, man ist geradezu meisterhaft darin, gute Kompromisse zu formulieren, die vielleicht für keine von beiden Seiten ideal sind, aber mit denen alle ohne Glaubens- und Gesichtsverlust gut leben können. Apostolische Autorität spricht hier übrigens nicht allein durch die beteiligten Apostel: auch die Ältesten, und auch die Gemeinde beteiligt sich an den getroffenen Vereinbarungen und Beschlüssen (Apg 15,22). Die Praxis der Heidenmission geht der theoretischen Reflexion voraus.

Auch wenn also Gespräch nicht nur eine Methode ist, sondern Ausdruck einer Grundhaltung gegenüber dem anderen, hat das Gespräch doch erheblichen Einfluss auf Konfliktlösungen, das soziale Zusammenleben und den Erfolg von gemeinsamen Bemühungen.

Was hier biblisch gesagt wurde, findet sich dann auch in der wissenschaftlichen Literatur zum Stichwort Dialog[50]. Kommunikation/Dialog wird in der Literatur als sinnstiftendes soziales Handeln beschrieben unter dreierlei Gesichtspunkten:

- *Dialog dient als Konfliktlösungsverhalten:* Menschen bleiben in Beziehung zueinander, solange sie miteinander reden.

- *Dialog stiftet Beziehung:* Im echten Dialog zeigt sich, dass Menschen aufeinander angewiesen sind. Dabei werden nicht nur Unterschiede ausgetauscht, sondern auch verstärkt nach gemeinsamen Interessen, Zielen, Grundlagen gesucht. Und wir haben doch eine gemeinsame Grundlage, die gar nicht hoch genug eingeschätzt werden kann. Leicht kann dies auch bei innerkirchlichen Konflikten übersehen oder sogar dem anderen abgesprochen werden. Erst auf der Grundlage eines gemeinsamen tragfähigen Fundaments können Unterschiede als Bereicherung wahrgenommen werden (vgl. Paulus und die Kirche als Leib).

- *Dialog ist Ausdruck der Offenheit:* Auch wenn die Bibel den Dialog im platonischen Sinn nicht als Mittel der Wahrheitsfindung beschreibt, zeigt sie Beispiele, in denen Menschen eigene Standpunkte relativieren zugunsten anderer. Insofern zeigt die Hl. Schrift Wege einer Identitätsfindung, die nicht auf Abgrenzung zur anderen Position und im Beharren auf der eigenen Meinung beruht. Der Dialog ermöglicht also eine Selbstrelativierung, er stiftet Beziehung und hat damit auch einen Wert, wenn am Ende kein zufriedenstellendes Ergebnis herauskäme. Im Raum der Kirche bildet der Glaube die Grundlage dafür, Positionen zu relativieren, und doch auf einer gemeinsamen Grundlage zu bleiben.

50 | Gerhard Sauter, Art. Dialogik II. Theologisch, in: TRE 8 (1981) 703–709, hier 706f.

Papst Paul VI.

1964 veröffentlicht Papst Paul VI. seine Antrittsenzyklika über die Aufgaben der Kirche in der heutigen Zeit. Diese Hauptaufgabe beschreibt er mit »Dialog«. Dabei zeigt er drei Dialogkreise, in denen sich die Kirche bewegen muss: Dialog im Inneren, der ökumenische Dialog und der Dialog mit der modernen Welt.

Die Kirche muss tief in sich hineinschauen, um ihr Wesen immer besser zu erfassen. Der erste Kreis des Dialogs, den Paul VI. nennt, ist die Wegweisung zur Innerlichkeit. Je mehr wir das Geheimnis der Kirche betrachten, desto schmerzlicher wird auch der tatsächliche Zustand spürbar und die Sehnsucht nach Selbsterneuerung tiefer, so der Papst. Hier wird der biblische Gedanke vom gemeinsamen Hören auf Gottes Wort auf eigene Weise aufgegriffen. Dialog heißt zunächst einmal: das Gespräch und die Selbstvergewisserung des gläubigen Menschen vor dem Anspruch Gottes. Sollte dies nicht schon die Sicht auf den anderen beeinflussen, dass wir alle gleichermaßen unter dem Wort Gottes leben? Der Papst verknüpft diesen Gedanken mit der Kirchlichkeit. Sich unter den Anspruch Gottes stellen, sein Wort meditieren, geschieht konkret durch das Nachdenken über das Wesen der Kirche.

Papst Paul VI. geht bei der Betrachtung der Kirche nicht allzu sehr ins Detail, weil er noch auf die zu erwartenden Ergebnisse des laufenden II. Vatikanischen Konzils verweisen konnte, denen er nicht vorgreifen wollte. Wir haben die Texte des II. Vat. Konzils vorliegen, die ja zu großen Teilen nichts anderes sind als genau diese Betrachtungen zum Wesen der Kirche. So harmlos dieser Teil im Zusammenhang der Enzyklika zunächst klingt, eröffnet sich doch gerade hier in den letzten Jahren ein Feld tiefgehender Konflikte in der Kirche. Verlassen wir also bewusst den etwas harmonischen Bereich.

Was ist das Wesen der Kirche, was sind sekundäre Phänomene, die zu diskutieren sind? Sind die üblichen Kontroversthemen: Frauenordination, Zölibat, die hierarchische Struktur der Kirche historisch zufällige Entwicklungen, die man den Zeitbedürfnissen anpassen muss, oder berühren sie das Wesen der Kirche?

Lassen wir uns ruhig ein wenig provozieren, nicht nur von Congar, sondern auch vom Bonner Dogmatiker Karl-Heinz Menke, der in seinem jüngst erschienenen Buch »Sakramentalität. Wesen und Wunde des

Katholizismus«[51] genau dieser Frage nachgeht und deutliche Positionen vertritt. Er geht nämlich genau dem Auftrag Papst Pauls VI. nach, indem er das Wesen der Kirche nach den Texten des II. Vatikanums beschreibt und von daher Grenzen eines allein konsens- oder mehrheitsorientierten Dialogs aufzeigt. Die Inhalte und Ziele des Dialogs müssen demnach vom Wesen der Kirche her gefunden werden. Das Wesen der Kirche ist nach LG 1, Sakrament zu sein, d. h. Zeichen und Werkzeug der innigsten Vereinigung der Menschen mit Christus und untereinander. Erster Schritt des innerlichen Dialogs ist somit, auch nach Paul VI., die lebendige Beziehung zu Christus. Menke macht das Wesen der Kirche deshalb auch an ihrer Sakramentalität fest. Sie ist der rote Faden, der die 360 Seiten des Buches durchzieht. Alle anderen Vorstellungen von der Kirche ergeben sich nur aus dieser innigen Verbindung aller mit Christus. Was Menke für die Konsensökumene der letzten Jahrzehnte festhält, mag auch für die üblichen Themen manchen innerkirchlichen Dialogs gelten. Er zieht ernüchternde Bilanz.[52] Man habe gemeint, man könne ein theologisches Thema nach dem anderen abarbeiten, so dass derzeit nur noch Unterschiede im Amtsverständnis und in einzelnen Details der Ekklesiologie übrig blieben, aber die ließen sich dann auch noch lösen. Man könne jedoch kontroverse Glaubensfragen nicht Punkt für Punkt abarbeiten, weil das katholische Glaubensgebäude, auch die Lehre von der Kirche, nicht eine Aneinanderreihung willkürlich austauschbarer oder verhandelbarer Glaubenssätze sei:»Glaube ist keine Komposition von Themen, die man eines nach dem anderen abhaken kann«[53]. Die Vorstellung etwa, dass die äußere Struktur der Kirche nur wenig mit dem inneren Wesen der Kirche zu tun habe, entspricht nicht der sakramentalen Struktur der Kirche. Die evangelische Kirche (und mittlerweile auch mancher Katholik) trennt ja bekanntlich zwischen der sichtbaren und unsichtbaren Kirche, die in keinem direkten Verhältnis zueinander stehen. Dass das Amt in der Kirche sakramental Christus repräsentiert, ist eine der unaufgebbaren katholischen Positionen, die sich aus dem sakramentalen Wesen der Kirche ergibt. Hier sind Fragen des Eucharistievorsitzes und auch der Gemeindeleitung angesprochen, die nicht von der sakramentalen Weihe losgelöst werden können. Durch die Sakramente, insbesondere der Taufe,

---

51 | Regensburg 2012.
52 | Vgl. ebd. 20f.
53 | Ebd. 19.

Firmung und Eucharistie wird Kirche, und zwar die auch immer sakramental sichtbare Kirche, aufgebaut und zum Leib Christi gestaltet. Augustinus, auf den Papst Paul VI. sich bezieht, erinnert daran, dass wir alle wirklich zu Christus, nicht nur zu Christen geworden sind. Wir sind, so sagt die Hl. Schrift, alle erst einmal dem Hören des Wortes Gottes verpflichtet, unter ihm stehen wir. Das Hinschauen auf das Wesen der Kirche verbindet dieses gemeinsame Hören an den Raum und die auch irdische, sichtbare, sakramentale Wirklichkeit der Kirche. In ihrer Einheit vollzieht sich der Gehorsam, das Hinhören auf den Willen Gottes. So stehen wir heute auch, das wird gerne übersehen, in den aktuellen pastoralen Fragen im Dialog mit der gelebten, geglaubten und bezeugten Tradition der Kirche, von der wir uns nicht einfach werden trennen dürfen. Hier hat selbstverständlich der Bischof eine geradezu überfordernde Aufgabe und Verantwortung inne.

Jetzt zeigen sich die vielen Ebenen, auf denen kirchlich Dialog geschehen muss: unter dem Anspruch Gottes, in der Kirche, (und zwar der konkreten, leiblichen), im Gespräch miteinander auf dieser gemeinsamen Grundlage, im Gespräch mit der kirchlichen lebendigen Tradition und den Fragen und Erkenntnissen der Zeit. Dialogisch zu sein heißt nun aber, sich diesem anstrengenden Prozess zu stellen und nicht schon selbst immer genau zu wissen, was denn dabei herauskommen muss.

Die Kritik an Menkes sehr pointiert vorgelegten Aussagen wird wohl nicht ausbleiben. Als einem Pastoraltheologen, und hier kommen wir zur Dialogthematik zurück, werden für mich die unveränderlichen Wesensäußerungen der Kirche nur die eine Seite der Medaille sein. Denn Sakramentalität macht sich nicht nur an den ewigen Wahrheiten und einer unveränderlichen Struktur fest, sondern auch an der gelebten Praxis der Kirche nach innen und nach außen.

Dabei werden wir bei der Meditation des Wesens der Kirche auch entdecken, dass zur Sakramentalität nicht nur die hierarchische Struktur der Kirche gehört. Die sogenannten Laien, d. h. die Getauften und Gefirmten sind nicht Delegierte des Bischofs, sondern verfügen über eigene Autorität und Würde. Ihnen im Vertrauen zu begegnen, mit Hochachtung und auf Augenhöhe ist eine theologische Notwendigkeit.

So kommt Papst Paul VI. zu einem weiteren Punkt. Er fordert das Bemühen um die Begegnung mit der Menschheit von heute, innerhalb und außerhalb der Kirche. Daher gehört die Pastoralkonstitution *Gaudium et spes* unverzichtbar zur Betrachtung des Wesens der Kirche dazu. Die Kirche kann nur sakramental wirken, wenn sie sich auf die »Zeichen der Zeit« einlässt (GS 4), wenn sie sie nicht nur als Besitzerin der Wahrheit bewertet und kommentiert, sondern wenn es zu einer Begegnung mit der Welt, ihren Fragen und Themen (vgl. GS 1) kommt. Dabei lernt auch die Kirche von der Welt. Wir haben gesehen, dass Kritiker des Christentums durchaus einen notwendigen Blick auf manche unglaubwürdige Praxis lenken können, den wir nicht ignorieren dürfen. Der wissenschaftliche Fortschritt, die Vielfalt der menschlichen Kultur(en), die neuen Wege zur Wahrheit nennt GS 44 ausdrücklich als Hilfen für die Kirche, die richtigen Formen und Wege zur Evangelisierung zu finden. Die Kirche muss ihre sakramentale Wirklichkeit in der Begegnung mit der Zeit selbst tiefer erkennen, besser zur Erscheinung bringen und zeitgemäßer gestalten. Amtsträger gelten oft als eher weltfremd, womit nicht ein klares christliches Profil kritisiert sein muss. Der Dialog mit der Welt lässt fragen: sind unsere Themen noch die Themen der Menschen, ist die Form unserer Belehrung noch die Art und Weise, Menschen nicht nur zu informieren, sondern sie zu motivieren? Manche kirchliche Botschaft kommt nicht mit dem Habitus des Evangeliums, sondern selbstverliebt und selbstüberschätzend herüber. Man könnte einmal Medienmeldungen daraufhin untersuchen, wie bischöfliche Predigten, egal ob katholisch, evangelisch oder aus welchem Bistum auch immer, angekündigt werden. Wie oft fängt es an mit: »Bischof X warnt, Bischof Y mahnt, Kardinal Z geißelt«. Wenn jemand nicht schon katholisch wäre, fände er wohl keinen Anlass, dies aufgrund solcher Meldungen werden zu wollen. Christen lernen auch von der Welt und den Menschen. Dafür müssen Foren gefunden werden, ihnen zuzuhören und vor allem auch Zeit dazu. Das Grundmuster des Dialogs heißt: Halte andere Leute nie für dümmer als dich selbst; übrigens auch nicht automatisch für unmoralischer.

Erst mit einer solchen dialogischen Grundhaltung, die nicht Missionsmethode, sondern Selbstverständnis ist, kann Dialog gelingen und wird Autorität erworben. Die Gesprächspartner sind nicht der dumme Hans, das Pferd, sondern für viele Überraschungen gut. Diese Überraschungen muss man ihnen aber zutrauen und auch wollen.

5. Die Bedeutung der Formen, Strukturen und der Vermittlung des Evangeliums

Wenn über Kirche als Sakrament gesprochen wird, kann es nicht nur um die bleibenden sakramentalen Strukturen gehen, die weder von Congar noch von anderen Theologen bestritten werden. Dennoch ist die Art und Weise der Ausgestaltung nicht zweitrangig und sie kann auch nicht nur im Konkretisieren ewig gültiger Prinzipien bestehen. Sie ist in vielen Bereichen historischem Wandel unterworfen, so dass es nicht immer leicht ist, zwischen dem Gültigen und dem Sekundären zu unterscheiden. Das Zweitrangige zum Wesentlichen zu zählen, kann fatale Folgen haben, so dass im letzten die Kirche nicht mehr als Heilssakrament und Werkzeug des Heils erfahren werden kann. An diesen Fragen entzünden sich auch heute Konflikte in der Kirche. Congar hält es jedenfalls für eine falsche Entwicklung, dass die institutionelle Ausgestaltung des Amtes in der Kirche und der Gotteswille oft leichtfertig gleichgesetzt werden. Und er erinnert an die verkündigungstheologische Bedeutung der Art und Weise, wie die Kirche sich präsentiert und den Menschen entgegentritt:

»Unter diesem Gesichtspunkt ist also all das, wodurch die Menschen Kontakt mit der Kirche finden, wie wir mit dem anderen Kontakt durch das Gesicht, den Anblick, die Körperformen und die Kleidung haben, von äußerster Wichtigkeit. Es kann dies die Formulierung eines Plakates, einer Anzeige, eines Pfarrbriefes sein oder mehr noch die Form einer Ausschmückung einer Feier, das äußere Gehaben des Priesters, sein Auftreten, seine Sprache, sein Lebensstil oder das Verhalten der Ordensleute, der Geistlichen – ebenso viele unscheinbare, alltägliche Dinge, die aber bezeichnend und sogar entscheidend sind für die Sichtbarkeit der Kirche in ihrer Rolle als Gleichnis des Gottesreiches oder als Sakrament des Evangeliums. Es ist klar, daß der Anblick der Oberhäupter und Würdenträger der Kirche oder die Begegnung mit ihnen, das Bild, das sie von der Kirche vermitteln, ebenso wichtig sind, vielleiht noch bedeutsamer, wenn es wahr ist, daß dies alles mehr verrät (...)

Andererseits tragen unser Äußeres, der Rahmen unseres Lebens, die Art, mit der wir gewöhnlich behandelt werden, das Bild von uns selbst und unserem Amt, das der Ausdruck von all diesem uns liefert, gewaltig zur Formung unserer Vorstellungen und unseres Benehmens bei. Kann man alltäglicherweise Privilegien nutzen, ohne schließlich zu der Meinung zu gelangen, sie seien geschuldet? (...) Kann man ständig befehlen und richten, Menschen als Bittsteller empfangen, die zu Komplimenten bereit sind, ohne sich daran zu gewöhnen, nicht mehr wahrhaft zu hören? Kann man schließlich vor Weihrauchträgern stehen, ohne ein wenig nach Weihrauch zu riechen?« (80f.)

Es scheint lohnend, diesen recht langen Text zu zitieren. Strukturreflexionen sind demnach aus zwei Gründen notwendig. Zum einen verdunkeln unglaubwürdige Strukturen das Bild und den Auftrag der Kirche der Welt gegenüber, zum anderen kann es aufgrund einer Gewöhnung daran dazu kommen, dass die gelebte Wirklichkeit für das Angemessene und Normale gehalten wird. Wenn Inhalt der Botschaft und die Form nicht mehr überein passen, muss gehandelt werden. Handlungstheorien zu entwickeln, ist eine der wichtigsten Aufgaben von Theologen, und es scheint normal zu sein, dass hier unterschiedliche Auffassungen aufeinander stoßen. Manche Auseinandersetzung ist notwendig und die Konsequenzen nicht immer angenehm. Gerade in der letzten Zeit flammen diese Themen wieder auf und es dürfte nichts bringen, sie einfach vom Tisch zu wischen.

Kirche muss diakonisch, zeugnishaft sein, sie soll aus der Begegnung mit Jesus Christus in den Sakramenten leben. Bis in die Strukturdiskussionen hinein gelten diese Ansprüche an christliche Gemeinden vor Ort und in dieser Frage sind sich zunächst alle einig. Leicht kommt dann aber der Vorwurf auf, die Aufgaben der Kirche seien doch klar, und ein Nachdenken über Strukturen, Kommunikations- und Handlungsformen sei ein überflüssiges Kreisen um sich selbst, geradezu ein Verkennen der eigentlichen großen Probleme und Fragen unserer Zeit. Man vergeude Zeit, um sich den eigentlichen Themen nicht stellen zu müssen.

Beispielhaft kann dies an der Auseinandersetzung um das »Memorandum«[54] der Theologen gezeigt werden und die Reaktion einzelner

Persönlichkeiten in der Kirche. Die Themen sind bekannt: etwa eine Kultur des Dialogs wird angemahnt, die Kirche solle den drängenden Fragen nach der Zulassung zum Weiheamt und zum Zölibat nicht ausweichen. Als Ursache ihres Engagements formulieren die Unterzeichner die Sorge um die Glaubwürdigkeit der Kirche in unserer Gesellschaft, die zunehmend verloren gehe. Theologen und Bischöfe ringen hier um die Frage, was Kirche als Sakrament konkret bedeuten muss und was dies für ihre Erscheinungsformen heißen muss.

Konrad Hilpert beschreibt seine Motivation, das Memorandum zu unterschreiben, in »Christ in der Gegenwart« (9/2011):

»Als Theologe bin ich besorgt über bestimmte Entwicklungen in der Gesellschaft und auch in meiner Kirche. Ich sehe Erosionsprozesse, die voranschreiten, aber auch Bemühungen von kleinen Gruppen, Formen und Inhalte wieder zu stärken, die sich ausschließlich an der Tradition ausrichten.«

(...) »Ich wünsche mir, dass die Aufmerksamkeit stärker auf die gerichtet wird, die die Kirche lautlos verlassen haben oder durch Enttäuschungen und Verletzungen an den Rand geraten sind, statt andauernd zu überlegen, wie man denen, die schon immer alles besser wussten, mehr entgegenkommen kann.«

Hilpert konstatiert, dass in den diözesanen Überlegungen zu Neustrukturierungen der Seelsorge die wissenschaftliche Theologie praktisch nicht zu Wort gekommen sei. In der öffentlichen Wahrnehmung sei das eventhaft-außerordentliche interessant, nicht das alltägliche, so als bestünde die Kirche nur aus Papst und bunten Prälaten.

Die Kirche habe also auch durch ihre öffentliche Darstellung, durch ihre Themensetzung vielfach den Kontakt zu den Fragen der Zeit verloren und es sei an der Zeit zu einem Dialog auch über die oben genannten Themen, die keineswegs Randfragen berühren.

Eine andere Schlussfolgerung zieht der Sozialethiker Bernhard Sutor in derselben Ausgabe von »Christ in der Gegenwart«. Er möchte die theologischen sogenannten Reizthemen ausklammern, um die Situation anders zu lösen. Er sieht eine Chance allein in der Stärkung der sogenannten Kerngemeinden, um mit ihnen missionarische Kirche bilden zu können. Die vielen Ehrenamtlichen, Engagierten, die Gremien in den

Gemeinden müsse mehr Freiraum zugestanden werden, sie müssten geistig-geistlich unterstützt werden. Sie sollten vor Ort möglichst eigenständig das kirchliche Leben gestalten und die vielen Charismen, die den Christen geschenkt sind, in Zusammenarbeit mit dem Pfarrer leben und bezeugen. Liturgie könnte vielfältiger gefeiert werden, die Caritas biete Raum für unzählige Aktivitäten. Aufgabe des Priesters ist in erster Linie die geistliche Begleitung seiner Gemeinde, nicht die Verwaltung und das Management. Gemeinsam Kirche vor Ort sein – das ist die Aufgabe. Besonders die Liturgie bildet die Gläubigen und verschafft ihnen das nötige Rüstzeug für ihre Aufgaben. Pastorale Räume werden so von unten mit Leben erfüllt. Sutor fordert eine Rückbesinnung auf die Stärken und die vielfältigen Begabungen vor Ort. Die Reizfragen werde der Hl. Geist irgendwann klären.

Kritisch war die Reaktion von Kardinal Kasper auf das Memorandum. Die Unterzeichner entzögen sich der alles entscheidenden Gottesfrage, die die eigentliche Ursache für die Kirchen- und Gemeindekrise sei. Die Strukturlösungen der Bistümer seien dabei ohnehin bald wieder Makulatur, weil wohl auch sie im Äußerlichen verharrten und sich der eigentlichen Aufgabe, missionarische Kirche zu sein, nicht stellten. Ziel sei radikale Glaubenserneuerung, verbunden mit der Bezeugung des Glaubens in der Welt von heute.

Dem widerspricht wiederum Hilpert:

>Ich selbst sehe das Verhältnis zwischen Glaubensreform und Kirchenreform als wechselseitiges Ineinander. Der Gottglaube ist der untergründig tragende und nährende Strom, der gängig gehalten, im Wandel der Zeit und des Denkens immer wieder erschlossen und gepflegt – erneuert – werden muss. Die Aufgabe der real existierenden Kirche jedoch ist es, dafür zu sorgen, dass das Leitungsrohrsystem so ausgelegt ist, dass das nährende Wasser auch zu den Endverbrauchern gelangen kann: durch Strukturen der Seelsorge, durch gute Ausbildung und durch überzeugende persönliche Zuwendung. Wird diese Sorge (...) als Selbstbeschäftigung angesehen, besteht die Gefahr, dass die zu Recht eingeforderte theologische Bearbeitung des Gottessuchens ins Spirituelle verschoben wird; oder dass viele Menschen in ihrer religiösen Ansprechbarkeit austrocknen bzw. sich sel-

ber irgendwo im Bereich der kirchenfernen Spiritualitäten bedienen. Das kann doch nicht unsere Vision für die Zukunft sein«.

Auch andere Theologen widersprechen Kasper und bringen ausdrücklich den Gedanken der Notwendigkeit einer befreienden Praxis in der Kirche ein, so Hans Kessler, Eberhard Schockenhoff und Peter Walter in der »Frankfurter Rundschau« vom 25.2.2011: Es könne kaum bestritten werden, dass die Kirche nach innen keineswegs eine Freiheitskultur ausgeprägt habe, wie andere gesellschaftliche Systeme sich dies zumindest als Ideal voraussetzen. Von Zutrauen in die Freiheit des einzelnen sei nur solange etwas zu spüren, wie es nicht ans Eingemachte gehe. Diese Freiheit müsse nun als Praxis auf allen Ebenen der Kirche erfahrbar werden können.

Schon von ihrer Selbstdefinition als »Zeichen und Werkzeug« (LG 1) her beansprucht die Kirche, dass ihre gelebte Praxis, auch ihre Strukturen und Gemeindekonzepte dem Zeichencharakter entsprechen müssen. Einig sind sich die drei Autoren in einem Punkt: Kirche hat einen missionarischen Auftrag, auch in ihrer Gemeindestruktur. Sie unterscheiden sich aber eklatant in der Einschätzung der Bedeutung von Gemeinde und ihren Lebensweisen. Für Kardinal Kasper sind die Strukturüberlegungen zwar nicht unnötig, aber sekundär, nicht verwoben mit dem eigentlichen christlichen Auftrag. Hilpert formuliert einen unlöslichen Zusammenhang zwischen der Handlungswirklichkeit der Kirche und dem Gelingen ihres Missionsauftrags, Sutor nimmt eine deutliche Trennung zwischen Kerngemeinde und den übrigen Menschen vor. Zumindest keimt hier der Verdacht auf, dass es nur Ziel der Mission und der Gemeinde sein kann, Menschen ebenfalls zur Kerngemeinde heranzuführen. Wie realistisch das ist, darf gefragt werden. Was aber ist mit denen, die zur Gemeinde gehören, aber auf Distanz bleiben? Sind sie auf Dauer uninteressant? Congar ist bereits vor 50 Jahren nahe an der Sprache und den Fragen heutiger Theologen. Wie man nun die einzelnen Reizthemen beantworten soll, sei einmal dahingestellt. Dass aber solche Fragen diskutiert werden, gehört wohl zum Ringen um eine gleichermaßen glaubwürdige, evangeliums- und zeitgemäße Struktur der Kirche. Auch 50 Jahre nach dem Konzil sind diese Fragen offenbar noch nicht überzeugend beantwortet.

Zu der Inanspruchnahme der Kerngemeinde sei eine kurze Wahrnehmung angefügt: nicht nur die ferner Stehenden werden durch eine bestimmte Praxis der Kirche abgestoßen, sondern auch die sogenannten Kerngemeinden. Es ist oft leider deutlich spürbar, dass Menschen gegenüber Entscheidungen des Bischofs zunächst mit großem Misstrauen und Ablehnung reagieren, so dass auch hier festgestellt werden muss, dass kirchliche Wirklichkeit auf die Glaubenskraft und Motivation auch der Kerngemeinden ausstrahlt oder sie eben negativ beeinflusst, wenn Entscheidungen nicht als transparent oder freiheitlich motiviert erscheinen. Sicher werden diese Vorbehalte dem bischöflichen Handeln oft nicht gerecht. Es ist aber wahrzunehmen, dass Bischöfen solch ein Handeln an den Gemeinden vorbei zugetraut wird. Das sagt schmerzhaft viel über die innerkirchliche Situation. Es scheint ein Irrtum zu sein zu meinen, man »habe die Kerngemeinde« und könne sicher über sie verfügen oder sie als missionarische Größe einplanen, ohne auch mit ihr immer wieder eine Standortbestimmung vorzunehmen. Strukturen können und sollen helfen, zu einem wirklich befreienden Handeln finden zu können.

Damit soll keine Aussage darüber getroffen werden, ob alle Themen des Memorandums tatsächlich die entscheidenden sind, welche die Glaubwürdigkeit der Kirche sichern würden. Dass Strukturfragen ins Zentrum der kirchlichen Überlegungen gehören, belegen die Reaktionen auf die Veränderungen im päpstlichen Erscheinungsbild seit dem Amtsantritt von Papst Franziskus. Mancher, der euphorisch auf die Bescheidenheit reagiert, wird sich vielleicht noch über manche inhaltliche Lehre dieses Papstes wundern – die Zeit wird es erweisen. Dass er bei manchen Menschen gerade durch sein Auftreten die existenzielle Bedeutung der Gottesfrage neu hervorgelockt hat, scheint doch eine Realität zu sein. Wenn mancher Kritiker dieses Papstes nach 100 Tagen enttäuscht feststellt, dass noch keine programmatische Aussage oder Entscheidung gefallen sei, unterschätzt er die verkündigende Wirkung der äußerlichen »Entschlackung« des päpstlichen Auftretens erheblich. Manche haben den Eindruck, die Kirche verlasse ihre Traumwelten und werde normaler. Ob dies in ihrer Pauschalität eine legitime Kritik an der Kirche und an den Päpsten auch vor Papst Franziskus sein kann, darf mit guten Gründen bezweifelt werden. Dass aber viele Gläubige und andere Menschen die scheinbare Weltfremdheit der Kirche auch an den höfischen Formen festmachten, muss jedenfalls nachdenklich stimmen. Theologen und Bischöfe mögen es einschätzen wie sie wollen, für viele Zeitgenossen sind die vieldiskutierten Themen mit der Glaubwürdigkeit der Gottesverkündigung eng verbunden.

6. Caritas und Diakonie als Wesensvollzug in allem Tun der Kirche

Congar kann auf Aussagen des II. Vatikanischen Konzils zurückgreifen, welche die Einheit der Kirche und ihres Handelns beschreiben. Dabei benennt er die sogenannten Grund- oder Wesensvollzüge, deren Definition eine längere Geschichte haben und einiges über das Grundverständnis kirchlichen Handelns aussagen. Für ihn ist der entscheidende Gesichtspunkt, dass sich die ganze Kirche für alle Grundvollzüge verantwortlich fühlt. Im Titel seines Büchleins wird ersichtlich, dass die Diakonie der wichtigste Grundvollzug der Kirche sein muss, wenn sie dem Evangelium entsprechen will. Dazu soll einiges erläutert werden.

Heute werden Martyria (Zeugnis), Liturgie, Diakonie und gegebenenfalls Koinonia (Gemeinschaft) als die drei bzw. vier kirchlichen Grundvollzüge in zahlreichen theologischen Veröffentlichungen genannt. Es muss nicht weiter thematisiert werden, dass alle vier wichtige Elemente kirchlichen Lebens darstellen. Zunächst kann einfach festgestellt werden: eine Kirche, die nicht Liturgie feiert, verliert ihre Lebensquelle, eine Kirche, die nicht Zeugnis ablegt, kreist nur um sich selbst und verliert an Strahlkraft, ohne praktizierte Nächstenliebe ist eine Gemeinde tot, und ohne die Erfahrungsräume gelebter Gemeinschaft kommt die Kirche ihrem Auftrag ebenfalls nicht nach. Was heute so selbstverständlich klingt, war es längere Zeit keineswegs[55]:

Die klassische katholische Systematisierung des kirchlichen Handelns legte noch ein anderes Modell zugrunde: die sogenannte »Drei-Ämter-Lehre«, d. h. Christus als Priester, König/Hirte, Lehrer/Prophet ist Vorbild und Urbild kirchlichen Handelns. Dieses Modell führte jedoch immer wieder zu einem klerikalen Blickwinkel: Der Priester oder Bischof steht für diese drei Munera Christi, er handelt in Persona Christi als Priester, Hirte, Prophet an der Gemeinde. Genauestens wird unterschieden zwischen dem sogenannten Weltdienst, der Aufgabe der Laien ist,

---

55 | Vgl. zum Folgenden Karrer, Grundvollzüge, 380f.

und dem sogenannten Heilsdienst, der in den Zuständigkeitsbereich des Klerus fällt. Die Caritas als Teil des Weltdienstes erscheint dann nicht als wesentliche Grunddimension, sondern nur der priesterliche und prophetische Heils- oder Heiligungsdienst.[56] Papst Johannes Paul II. greift in der Apostolischen Konstitution zur Promulgation des CIC 1983 dieses Modell auf und bezieht es jedoch auf das Tun der gesamten Kirche: Er zählt »die Lehre, nach der alle Glieder des Volkes Gottes ... an dem dreifachen – dem priesterlichen, prophetischen und königlichen Amt Christi teilhaben«, zu den Elementen, die »das wahre und eigentliche Bild der Kirche ausmachen«[57] und kann sich dabei auf LG 31 stützen. Immerhin fällt hier die Unterscheidung zwischen Welt- und Heiligungsdienst weg, die drei Ämter werden als Einheit verstanden und sie werden zur Aufgabe des gesamten Gottesvolkes.

Zum ersten Mal von kirchlichen Grundfunktionen spricht Karl Rahner im Handbuch der Pastoraltheologie.[58] Er selbst nennt sechs Bereiche, in denen sich die Kirche selbst verwirkliche: Verkündigung des Wortes, Kult, Sakramentenspendung, kirchliches Rechtsleben, christliches Leben in seiner ganzen Breite und Caritas.

Ferdinand Klostermann fasst diesen Ansatz in seiner Gemeindetheologie 1965[59] in drei Grundvollzügen zusammen, die er pneumatologisch begründet: Verkündigung des Wortes, Vollzug der Sakramente und den Dienst helfender Liebe. Klostermann legt in dieser Reihenfolge die Rangordnung dieser Grundvollzüge fest. Er verbindet diese drei mit der Koinonia als der universalen Gemeinschaft mit Christus und untereinander. Klostermann versteht diese drei Grundvollzüge nicht nur als »Arbeitsplatzbeschreibungen«, also reine Feststellungen, was Kirche tut, sondern als »zusammenhängende Weisen, hier und heute Kirche zu sein.«[60] So sieht es auch Karl Rahner, der in den Grundvollzügen Gottes Zuwendung zum Menschen wiedererkennt. Insofern Rahner die Vollzüge theologisch fundiert und Klostermann sie pneumatologisch vertieft, gelingt es beiden zu zeigen, dass diese Vollzüge Gemeinde konstituieren, und

---

56 | Vgl. Karrer, Grundvollzüge, 382.
57 | Zitiert nach Karrer, Grundvollzüge, 380.
58 | Vgl. Franz Xaver Arnold u. a. (Hg.), Handbuch der Pastoraltheologie. Praktische Theologie der Kirche in ihrer Gegenwart, Bd. 1, Freiburg – Basel – Wien 1964, 233–236.
59 | Ferdinand Klostermann, Prinzip Gemeinde. Gemeinde als Prinzip des kirchlichen Lebens und der Pastoraltheologie als der Theologie dieses Lebens, Wien 1965, 40–58.
60 | Andreas Wollbold, Handbuch der Gemeindepastoral, Regensburg 2004, 69.

nicht nur Handlungsanweisungen oder Gliederungen kirchlichen Tuns sind. Der Herr baut die Gemeinde auf und wirkt durch sie in den genannten Bereichen. Kirche wird Kirche, indem sie verkündet, Gottesdienst feiert und für den Menschen da ist[61]. Seitdem gehören die drei genannten kirchlichen Grundfunktionen (evtl. mit Koinoina) zum theologischen Standard. Das Konzil hatte natürlich den Grund gelegt, indem es die drei Ämter auf die gesamte Kirche bezog und den klerikalen Blickwinkel weitete. So konnte man in der Pastoraltheologie die drei Grundvollzüge mit den Munera kombinieren. Allerdings muss man zugeben, dass dies anfänglich nicht immer gelang. Denn Martyrie und Liturgie sind inhaltlich gut mit dem Priester und Propheten/Lehrer zu verknüpfen, während die Diakonie ein wenig in der Schwebe bleibt und vereinzelt der sogenannten pastoralen Erbauungspflicht weichen musste, die mit dem Hirtenamt Christi verknüpft wurde.[62] Congars Ansatz findet sich theoretisch jedenfalls in der nachkonziliaren theologischen Entwicklung bestätigt. Als Träger des Geistes gestalten Christen die Kirche und geben ihr ein Gesicht.

Caritas als kirchlicher Wesensvollzug – Die deutschen Bischöfe (2009)

Dass die Caritas neben Verkündigung und Liturgie ein Grundvollzug der Kirche ist, scheint in der theologischen Theorie heute auch lehramtlich nicht mehr wirksam bestritten zu werden. So formulieren die deutschen Bischöfe in ihrem Schreiben »Berufen zur caritas« vom 5. Dezember 2009 ausdrücklich zu Beginn: »Denn das caritative Handeln und die Organisationen der christlichen Nächstenliebe gehören ebenso unverzichtbar zu Wesen und Auftrag der Kirche wie die Verkündigung von Gottes Wort und die Feier der Sakramente. Sie bilden zusammen den dreifachen Wesensauftrag der Kirche, bedingen sich gegenseitig und dürfen nicht voneinander getrennt werden. Ähnlich wie das Hören auf Gottes Wort und die Feier der Sakramente ist auch die Nächstenliebe ein Ort der Gottesbegegnung.« Darauf folgt noch ein ökumenischer Ausblick von großer Tragweite:

---

61 | Wollbold, Gemeindepastoral, 70.
62 | Vgl. ebd. 72.

»Die Caritas als praktizierte Nächstenliebe in diesem Sinne verbindet
alle christlichen Kirchen und kirchlichen Gemeinschaften, denn sie
gehört wesentlich zur Ausübung unseres christlichen Glaubens.«
(S. 8)

Den kirchenbildenden Charakter der Caritas betont konsequent daran
anknüpfend das Papier »Caritas im pastoralen Raum. Diakonische Pers-
pektiven in neuen pastoralen Strukturen«, das der Diözesan-Caritasver-
band für das Erzbistum Köln 2010 herausgegeben hat und die Zusammenarbeit zwischen Gemeinde/Pfarrverband und Caritasverband
theoretisch bedenkt und mit zahlreichen praktischen Anregungen ver-
sieht. Dort heißt es: »Kirche konstituiert sich dort, wo Menschen im
Geiste Jesu Christi zusammenkommen« (S. 11). Damit wird wohl kaum
das sakramentale Kirchenverständnis ausgehebelt, jedoch eine sehr weit-
reichende Perspektive ermöglicht, Kirche auch dort entstehen und wirksam zu sehen, wo Menschen caritativ im Geiste Jesu Christi handeln. Die
genannten Texte gehen davon aus, dass die Caritas zwar auch an organi-
sierter verbandlicher Caritas hängt, darüber hinaus aber weitgehend von
den Menschen in den Gemeinden vor Ort mitgetragen und eigeninitiativ
wird.

Die wichtigste Grundlage für eine derartige Hochschätzung der Diako-
nie/Caritas bilden selbstverständlich zahlreiche Aussagen der hl. Schrift.
Das Beispiel des »barmherzigen Samariters« zeigt die Nutzlosigkeit, ja
geradezu die Widersinnigkeit liturgischer Treue, wenn nicht die Liebe
zum konkreten Nächsten Grundlage des Handelns wird. Im Gerichts-
gleichnis Mt 25 wird allein die Barmherzigkeit zum Kriterium, das ewige
Heil zu finden. So kann Ottmar Fuchs pointiert formulieren[63]:

»Ihre (der Caritas) dominante theologische Bedeutung liegt in diesem
Tun des Willens Gottes als zwischenmenschlicher Gerechtigkeit und
Barmherzigkeit. Durch die Diakonie geschieht sein Wille: eine hö-
here theologische Qualifikation kann es nicht geben.«

63 | Ottmar Fuchs, Martyria und Diakonia. Identität christlicher Praxis, in: Herbert Haslinger (Hg.),
Praktische Theologie. Grundlegungen (Handbuch Praktische Theologie 1), Mainz 1999, 178–197,
hier 179.

Gott selbst vollzieht sich diakonisch in der zwischenmenschlichen Begegnung. Gott wird so zum Tätigkeitswort.[64] Wer den diakonalen-caritativen Ansatz ernst nimmt, nimmt die biblische Wirklichkeit ernst, dass Jesus in erster Linie keine Gotteslehre, keine dogmatischen Formeln gebracht hat, sondern zunächst im Tun die Gottesherrschaft gegenwärtig setzt, was auch Auftrag seiner Jüngerinnen und Jünger ist. Theoretisch ist also die kirchliche Diakonievergessenheit überwunden[65], könnte jedenfalls problemlos überwunden werden.

Die Problematik der Bevorzugung eines bestimmten kirchlichen Grundvollzugs

Auch wenn die theologische Herkunft der drei bzw. vier Begriffe theologiegeschichtlich nicht ganz geklärt werden kann[66], sind Martyrie, Liturgie, Diakonie und Koinonia keine künstlichen Produkte einer kirchlichen Strategie, sondern finden sich bereits als Kennzeichen der christlichen Gemeinde in der Apostelgeschichte (Apg 2,41–46):

»Die nun, die sein Wort annahmen, ließen sich taufen. An diesem Tag wurden (ihrer Gemeinschaft) etwa dreitausend Menschen hinzugefügt. Sie hielten an der Lehre der Apostel fest und an der Gemeinschaft, am Brechen des Brotes und an den Gebeten. Alle wurden von Furcht ergriffen; denn durch die Apostel geschahen viele Wunder und Zeichen. Und alle, die gläubig geworden waren, bildeten eine Gemeinschaft und hatten alles gemeinsam. Sie verkauften Hab und Gut und gaben davon allen, jedem so viel, wie er nötig hatte. Tag für Tag verharrten sie einmütig im Tempel, brachen in ihren Häusern das Brot und hielten miteinander Mahl in Freude und Einfalt des Herzens.«

In Anlehnung an die Reich-Gottes-Botschaft Jesu, der ja keine Lehre vom Gottesreich bringt, sondern in der Einheit Tat und Wort die Gottesherr-

64 | Vgl. Udo Fr. Schmälzle, Gott handeln. Fragen eines praktischen Theologen zur Gottesrede, in: Martin Lutz-Bachmann, Und dennoch ist von Gott zu reden (FS Herbert Vorgrimler), Freiburg – Basel – Wien 1994, 326–342.
65 | Vgl. Karrer, Grundvollzüge, 383.
66 | Herbert Haslinger, Diakonie zwischen Mensch, Kirche und Gesellschaft, Würzburg 1996, 334.

schaft verwirklicht, lassen sich auch in der Urkirche die verschiedenen Grundvollzüge nicht voneinander trennen und keiner darf aufgegeben werden, ohne dass nicht auch die anderen zerstört würden. Congar hält dennoch die Diakonie für das Herz aller anderen Wesensvollzüge von Kirche. Man kann ihm nur schwer widersprechen. Die Diakonie ist der Wesensvollzug, der auch die anderen sinnvoll macht. Eine Verkündigung oder eine Liturgie ohne diakonischen Hintergrund wird sinnlos, ja widersinnig. Die Diakonie hat ihren Zweck in sich selbst.

Die Problematik der Diakonievergessenheit zugunsten von Martyrie und Liturgie

Man muss allerdings feststellen, dass sich schon bald, bereits in anderen neutestamentlichen Schriften, ein anderer Schwerpunkt herausbildet, bzw. dass aufgrund der Auseinandersetzung mit der Gnosis die Einheit der kirchlichen Grundvollzüge zu Lasten des Handelns auseinandergerissen wird. Norbert Brox belegt dies mit Hilfe des Häresiebegriffs.

Die eigentliche Häresie stellte für die alte Kirche die Gnosis dar, so dass von Anfang an der Schwerpunkt der Formulierung einer orthodoxen christlichen Identität nach innen und nach außen im doktrinären inhaltlichen Bereich der Theologie lag.[67] Der praktisch-theologische Charakter der Häresie wurde zwar von Theologen immer wieder thematisiert, indem sie etwa Häresie als »verderbte Lebensweise«, als zerstörte Gemeinschaft oder als Ausdruck eines Egozentrismus beschrieben[68], so dass sich falsches Leben und falsche Lehre als unselige Koalition zeigten, zunehmend ging aber dieser innere Zusammenhang verloren, indem in den kirchlichen Dokumenten Wahrheit immer mehr mit dem rechten Bekenntnis gleichgesetzt und der Bereich der Praxis in die Rolle eines bloßen Anhängsels abgedrängt wurde.[69] Am Ende dieser Entwicklung steht ein fatales Durchbrechen des Praxis-Theorie-Zirkels zugunsten einer Konzentration auf die reine Lehre. Norbert Brox verweist auf eine These Carl Andresens[70]:

---

67 | Vgl. Norbert Brox, Art. Häresie, in: RAC 13 (1986) 248–297, hier 263f.
68 | Vgl. ebd. 263.
69 | Vgl. ebd. 270.
70 | Ebd. 277.

»Die auffällige Fixierung auch der späteren, vielfältig gesicherten u. durch Irrlehre nicht mehr elementar zu gefährdenden Kirche auf die H.(äresie) ist mitveranlaßt durch einen ›Wandel des ekklesiologischen Heiligkeitsprädikats in Richtung einer Synonymität von Heiligkeit u. Rechtgläubigkeit‹; infolge einer ›Doktrinalisierung des Heiligkeitsbegriffs‹ heißt ›Kirche der Heiligen‹ jetzt zugleich ›Kirche der Orthodoxen‹.«

Das bedeutet für die Entwicklung der Theologie, dass der »Bruch zwischen Evangelium und Kultur« (EN 20), den Papst Paul VI. 1975 beklagt, hier schon seine historischen Wurzeln ausbildet. Kirchlicher Grundvollzug wird immer mehr die rechte Lehre und das Bekenntnis des rechten Glaubens. In den Hintergrund tritt zunehmend die Nächstenliebe über die innerkirchlich praktizierte Bruderliebe hinaus. Die Entwicklung geht so weit, dass Caritas bald nicht mehr als kirchlicher Grundvollzug, sondern nur noch als Weltdienst der Laien gegenüber dem höherwertigen Heilsdienst verstanden werden konnte. Es zeigt sich, dass »die Verkündigung die theologische Dignität nicht einfach gepachtet hat, nur weil sie den Gottesbezug explizit benennt«, also dezidiert und ausdrücklich theologisch ist.[71]

Ottmar Fuchs fasst zusammen:

»Wenn man nicht den Idealbegriff des Glaubens zugrunde legt, sondern die Glaubenswirklichkeit in den Kirchen und im Volk Gottes, dann gibt es in diesem thematisch religiösen Bereich durchaus Kontaminierungen durch soziale und psychische Verengungen sowie Ausgrenzungen durch Herrschaftsinteressen und Fundamentalismen, die ihrerseits vom Bereich der Diakonie her kritisiert und als theologisch illegitim zu explizieren sind, weil sie unter dem theologischen Wertbegriff des Glaubens dennoch die Diakonie bestimmten Menschen gegenüber teilweise oder ganz verraten.«[72]

Damit spricht Fuchs das weite Feld einer Form christlicher Verkündigung an, die kein Mittel scheute, den wahren Glauben zu verbreiten.

71 | Vgl. Fuchs, Identität, 180.
72 | Ebd. 180f.

Weiter oben ist bereits drauf hingewiesen worden, dass eine Verkündigung und kirchliche Praxis ohne eine diakonische Grundhaltung leicht ins Gewaltsame, Fanatische und Fundamentalistische kippt. Eine solche theologische Hermeneutik, welche die Orthodoxie nicht mehr konsequent und bewusst in einer evangeliengemäßen Praxis verankert, bildet schließlich bald die Ursache für religiöse Intoleranz und Gewalt gegenüber Andersdenkenden, wie ein Blick in die Geschichte der Häretikerbekämpfung zeigt.[73]

Ferner ist zu erkennen, dass die Praxis in den Seelsorgebereichen und Gemeinden die Theorie noch nicht unbedingt eingeholt hat. Oft werden Liturgie und Verkündigung als die eigentlichen »Kerngeschäfte« der Kirche angesehen, während die Diakonie trotz anders lautender Grundlagendokumente an den Rand des Interesses gerät. Bereits im Jahre 2001[74] hatte sich Udo Schmälzle kritisch mit den Pastoralkonzepten der Bistümer auseinandergesetzt und dabei Defizite im Bereich der Diakonie festgestellt, die eben im Auseinanderdriften zwischen Theorie und Praxis bestehen. Praktizierte Diakonie rückt an den Rand der Gemeinde und ist zur Sache von Spezialisten geworden. Gute neun Jahre später fällt das Urteil Schmälzles insgesamt keineswegs positiver aus. Allerdings kann er im Jahre 2008 überzeugende Projekte, in denen es gelingt, Gemeinde und Caritas zu verbinden, analysieren und vorstellen.[75] In einem Interview in »Caritas NRW«[76] urteilt er ähnlich wie im Jahr 2001. Noch immer sitzen oft keine Vertreter der Diözesancaritasverbände in den maßgeblichen Gremien. Stärker als diese durchaus leichter zu überwindenden Fakten sind die »weißen Flecken in den Köpfen«. So wehren sich oft Priester und andere Seelsorger gegen einen zu stark an der Caritas orientierten Seelsorgeansatz mit dem Hinweis, sie wollten keine Sozialarbeiter sein. Auch die Zusammenarbeit zwischen dem Caritasverband und den Kirchengemeinden steckt oft noch in den Anfängen. Während es notwendig ist, ganz nahe an den betroffenen Menschen zu sein, rücken die Gemeindezentren immer weiter weg und werden für viele Menschen schwerer erreichbar.

---

73 | Vgl. ebd. 271.
74 | Udo F. Schmälzle, Charismen teilen in überschaubaren Räumen. Woran orientieren sich die diözesanen Umstrukturierungsmaßnahmen?, in: HerKorr 61 (2007) 175ff.
75 | Schmälzle, Menschen, die sich halten – Netze, die sie tragen.
76 | Keine Katakombenkirche, in: Caritas NRW 4/2010.

Wenn diese Analyse zutrifft, dann ist etwas zutiefst Erschreckendes geschehen. In der Definition der Grundvollzüge hat die Diakonie eine erhebliche Aufwertung gegenüber früheren Einschätzungen erfahren. In der finanzstarken katholischen Kirche in Deutschland sind caritative Projekte finanziell stark gefördert worden, auch theologisch erfährt institutionell caritatives Arbeiten eine hohe Aufmerksamkeit. Gerade die notwendige Professionalisierung hat dann möglicherweise dazu geführt, dass Caritas immer mehr zur Sache von Profis geworden ist. Und damit steht die Kirche vor der neuen Aufgabe, Bewusstsein für die Verantwortung aller für praktizierte Diakonie zu schaffen und sie wieder in die Mitte kirchlicher Praxis zu holen.

Die Bevorzugung der Diakonie zulasten von Martyrie und Liturgie

Die Analyse oben wird keineswegs von allen geteilt. Die Situation gegenüber der eben geschilderten Überbewertung des Glaubensinhaltes gegenüber Diakonie und dem Handeln sieht Ottmar Fuchs[77] heute geradezu ins Gegenteil gekehrt. Denn heute sind alle Menschen potentielle Adressaten einer christlichen Diakonie und unterstehen nicht mehr der Notwendigkeit, zu einem ausdrücklichen christlichen Glauben finden zu müssen. Diese Wahrnehmung beinhaltet eine große Chance, nämlich wirklich die Zweckfreiheit christlicher Caritas neu ernstnehmen zu können. Man muss nicht glauben, um Zuwendung zu erfahren.

Im Extremfall geben Theologen der Diakonie den Vorrang vor allen anderen Grundvollzügen, weil es biblisch immer einen Primat der Liebe gegenüber den anderen gebe. Dazu lassen sich natürlich biblische Belege finden (Samaritergleichnis Lk 10, Endgericht Mt 25). Karrer sieht jedoch auch Probleme, denn es gibt auch bestimmte Einseitigkeiten oder Anfälligkeiten diakonischen Handelns: etwa die berechnende Hilfe oder die Kompensation anderer Probleme. Auch das diakonische Handeln bedarf eines kritischen Blicks. Die Kirche oder die einzelne Gemeinde könnte geneigt sein, durch das caritative Handeln ihre Nützlichkeit belegen zu wollen, Diakonie würde dann zum Mittel, zu einer moralischen Forde-

---

77 | Vgl. Fuchs, Identität, 178f.

rung oder zu einem religiös verbrämten Leistungsprinzip.[78] Es kann Ausdruck geistlicher Hilflosigkeit sein, sich nicht auch den ausdrücklichen Glaubensfragen zu stellen oder deren Bedeutung abzuwerten. Zwar ist Caritas zweckfrei und darf nicht zur Rekrutierung von Menschen für den christlichen Glauben dienen (Proselytenmacherei), und auch das Tun des Guten ohne einen ausdrücklich christlichen Bezug ist Wirken Gottes, aber es gibt Stimmen in der Pastoraltheologie, die eine theologische Fundierung des Caritativen der Gemeinde im Wort Gottes und im sakramentalen Tun der Kirche einfordern, damit christliches Handeln transparent werden kann auf das Reich Gottes, das sich in ihm verwirklicht.[79] Es könnte auch leicht vergessen werden, dass es eine die materielle Not überschreitende Not des Menschen gibt. In diesem Zusammenhang erweisen sich die Gedanken Congars als prophetisch, denn er sieht den diakonischen Dienst der Kirche auf alle menschlichen Dimensionen geweitet. Eine diakonische, im Sinne Jesu dienende Kirche wird den Menschen weder auf seine seelischen noch auf seine leiblichen Nöte reduzieren. Oft genug hängen die verschiedenen Armutserfahrungen ja auch zusammen, ohne dass man Ursache und Wirkung genau unterscheiden könnte.

---

78 | Karrer, Grundvollzüge, 383f.
79 | Ebd. 384.

7. »Den kaiserlichen Staub abschütteln« – Entweltlichung der Kirche

Spätestens seit dem Besuch von Papst Benedikt XVI. in Deutschland im Jahr 2011, wo er in seiner Predigt in Freiburg eine »Entweltlichung« der Kirche forderte, ist dieser Begriff in aller Munde und wird doch so unterschiedlich interpretiert. Für die einen beinhaltet er, die Kirche solle Institutionen aufgeben, auf denen nur noch »Kirche« drauf steht, aber Glaube nicht mehr gelebt wird. Damit könnten diakonische und pädagogische Einrichtungen gemeint sein, für die man in Deutschland kaum noch genügend praktizierende gläubige Christen als Personal findet. Es ist nicht ausgeschlossen, dass dies ein Gesichtspunkt ist, den auch Papst Benedikt verfolgte, denn bereits in der Enzyklika *Deus Caritas est* fordert er für die kirchlichen caritativen Angebote Menschen, die aus dem Glauben heraus handeln und so die Einheit von Lehre, Erfahrung und Leben bezeugen[80]. Entweltlichung hieße demzufolge, sich dort aus dem Handeln in der Welt herauszuziehen, wenn es nicht mehr eindeutig als kirchliches Handeln identifizierbar wäre. Andere hörten eine Kritik am deutschen Kirchensteuersystem, das der Kirche hierzulande ein relativ bequemes Leben garantiere, ohne sich wirklich missionarisch ins Zeug legen zu müssen. Dieses System steht für manchen Christen für eine nicht unproblematische Nähe zur weltlichen Macht, so dass die Kirche aufgrund finanzieller Abhängigkeit ihren prophetischen Geist am liebsten hinter den Kirchenmauern einschließen wollte. Dass Papst Benedikt XVI. dieses Thema durchaus auch kritisch sieht, hat er in seinem Versuch, Kirchensteuerzahlung und Kirchenmitgliedschaft voneinander zu trennen, bewiesen. Andere deuteten das Papstwort als eine Einladung zur Konzentration kirchlichen Handelns auf die katholischen Kerngemeinden im Sinne einer »glaubwürdigen Kirche für die Gläubigen«. Wie dem auch sei, sicher ist an diesen Deutungen etwas Richtiges. Ein vielleicht unliebsames Verständnis von Entweltlichung vertritt Yves Congar. Es lässt sich kurz so zusammenfassen: Gerade in ihrem Prunk und dem vielen historischen Ballast an Titeln, Äußerlichkeiten und auch in ihrem »Klima der Verrechtlichung« habe die Kirche zu viel Konstantin angenommen, und zu wenig Petrus bewahrt. Der Vergleich zwischen einer konstantinischen und einer petrinischen Kirche geht letztendlich auf Papst Johannes XXIII. zurück, dessen Bild Congar hier aufgreift und vertieft. Petrus steht als Synonym für die kirchlichen Haltungen, die bisher als Nähe zu den Menschen, Selbstkritik und »Leben aus der Gnade« beschrieben worden sind. Viele traditionell orientierte Katholiken werden es nicht gerne hören: Gerade das, was manche von ihnen als unverzichtbares katholisches Markenzeichen betrachten und was eine katholische Gegenwelt entstehen lässt, markiert Congar als »die Welt«, die in die Kirche eingedrungen ist und ihr wahres Antlitz entstellt. Dass dies von vielen nicht bemerkt wird und schon gar nicht kritisch hinterfragt wird, mag auch an der oben bereits angedeuteten menschlichen Eigenschaft liegen, dass diejenigen, denen die Ehren und Titulaturen zuteilwerden, dieses für angemessen halten, weil sie sich daran gewöhnt haben.

Was Congar für zu viel »Konstantin« in der Kirche hält, hat er recht konkret in einem eigenen Kapitel beschrieben. Kirche-sein wurde immer mehr mit dem Klerus und schließlich immer mehr mit dem Papsttum verbunden. Man redete gar von einer Priesterherrschaft in der Kirche. Etwa sagt man: »Die Kirche ist beauftragt, die Herde Jesu Christi zu weiden«. Dabei spricht man von der Kirche in einer Art und Weise, die nicht mehr deutlich werden lässt, dass sie ja gleichzeitig diese Herde bildet. Bestimmte Forderungen des Evangeliums habe man zunehmend zwar dem einzelnen Christen auferlegt, darin aber nicht mehr eine Anforderung des Herrn an seine Kirche verstanden. Wenn Jesus sagt, der Jünger müsse dienen, gelte dies zwar dem einzelnen Gläubigen, aber nicht mehr einer Kirche, die sich in ihren Amtsträgern zunehmend als eine Kirche der Herrschenden gesehen und ausgestaltet hat.

Congar nennt Beispiele: Priester, die sich als Regenten verstehen; Bischöfe und Päpste als Richter, der Papst als Souverän und als Stellvertreter Christi; die Kirche als Königin für die Menschen. Spätestens seit dem Mittelalter habe die Kirche den Sprachschatz und den Stil des kaiserlichen Hofes übernommen (47f.). Kardinäle verstehen sich als Senat des Papstes, die Kurie (curia) gestaltet die Verwaltung des Hofstaates.

Dabei differenziert Congar durchaus und nennt große Theologen des Mittelalters, die in ihren ekklesiologischen Schriften versucht haben,

den geistlichen Charakter der Kirche und ihrer Ämter zu wahren (49).
Dass Macht aber auch korrumpiert und man sich plötzlich auf die Ausübung von Gewalt konzentriert, um scheinbar geistiges/geistliches Gut
zu schützen, spricht er ebenfalls kritisch an:

»Um nicht allzu unvollständig zu sein, müßte man noch anführen,
welche Lebenskraft das, was wir das Recht des Gewissens nennen
möchten, bis zur Reformation hatte; in deren Gefolge wurde der Ge-
brauch dieses Rechtes mit der Verurteilung des Mißbrauchs zugleich
beseitigt. (...) Das geht vom Recht des Widerstandes gegen den Tyran-
nen im politischen Bereich bis zum Recht des Ordenseintritts oder
des Ordenswechsels, über den Schutz der Armen und Schwachen –
herkömmlicherweise ein Recht der bischöflichen Autorität – und die
Thesen über die ungerechte Exkommunikation, das Recht der brü-
derlichen Zurechtweisung und das Recht ›filialiter et oboedienter‹
(im Geist kindlichen Gehorsams) ungehorsam zu sein(...) und so weiter.« (49)

Gerade als die Kirche diesen Prozess des Anspruchs auf weltliche Macht
am vollständigsten theologisch untermauert hatte, kam die Reformation
und stellte jeden menschlichen Macht- und Rechtsanspruch innerhalb
der Kirche in Frage.

Man muss kein wildgewordener Progessiver sein, um diese Verweltlichung der Kirche, an die man sich gewöhnt und die man sogar theologisch vielfach gut begründen konnte, höchst kritisch zu kommentieren.
Der hl. Bernhard von Clairvaux sieht etwa die Einführung einer päpstlichen Kurie als eine sündhafte Verweltlichung der Kirche. Und er geißelt
das herrschaftliche Auftreten und Gehabe der Bischöfe und Äbte seiner
Zeit. (89) In ihnen sieht Bernhard mehr Konstantin als Petrus, und darin
besteht die eigentliche Verweltlichung der Kirche. Nachdem die Staaten
und die säkulare Gesellschaft weitgehend religiöse Bezüge aufgegeben
haben, um eine Differenzierung oder Trennung zwischen Staat und Kirche leben zu können, sind vielfach in der Kirche Symbole einer längst
vergangenen Symbiose erhalten geblieben, und haben vielfach ihren ursprünglichen Symbolwert verloren. Das kann man für harmlos halten,
nimmt man Symbole aber ernst, drücken sie eine tatsächliche Entfer-
nung vom Evangelium aus.

Congar steht nicht für eine Abschaffung von Symbolen, Feierlichkeit, Schönheit und Würde. In der Kirche soll der Mensch dem Schönen begegnen, es darf eine Gegenwelt geben, in die sich der Glaubende betend und feiernd hineingibt. Auch außerhalb des Gottesdienstes plädiert er für eine Amtstracht, die Würde, Einfachheit und den Dienstcharakter zum Ausdruck bringt. Es geht also nicht um Bildersturm, sondern um eine stimmige Symbolik, die nicht etwas ausdrückt, was es nicht mehr gibt oder besser auch nicht mehr geben sollte, indem sie etwa für weltliche Macht steht, welche die Kirche heute nicht mehr beansprucht. Solche Formen zu finden, kann und darf Zeit in Anspruch nehmen. Congar plädiert, ohne ihn zu nennen, für den Dreischritt: Sehen-Urteilen-Handeln.

Gemeinsam gehen glaubende Menschen auf die Suche nach angemessenen Formen, in denen sich Glaube ausdrückt, in denen auch die Lebenswirklichkeit aufgenommen wird, ohne den Anspruch einer Erfahrung einer anderen Welt unmöglich zu machen. Auch arme Menschen dürfen in der Kirche einer Gegenwelt zu ihrer Armut begegnen, aber sie darf sie nicht abschrecken. Es müssen Formen gefunden werden, die es der Kirche, d. h. allen Glaubenden ermöglichen, so bei den Menschen zu sein, wie es das Evangelium erfordert (96). Symbolische Ausdrücke einer bestimmten Standeszugehörigkeit müssen Nähe ermöglichen und dürfen sie nicht verhindern. Die stimmigen Formen können nur im Dialog gefunden werden, auch im Hinhören auf diejenigen, zu denen Kirche gesandt ist. Ein erster Schritt bei der Suche nach stimmigen Zeichen besteht also in einer ehrlichen Bestandsaufnahme (Sehen), im ehrlichen Hinschauen und Hinhören auf das Evangelium (Urteilen) und dann im Gehen der Wege zu einer ehrlichen und wahrhaftigen Praxis (Handeln). Drei Kriterien für stimmige Formen nennt Congar: Zeichen müssen in Bezug gesetzt werden können mit der Lebenswirklichkeit (das meint er wohl mit »Verständlichkeit« von Symbolen), sie dürfen nicht zu sehr überfrachtet sein mit Geschichte, so dass sie erklärt werden müssten. Tatsächlich ist ein Symbol, das erklärt werden muss, bevor man es einsetzt, seiner Symbolik beraubt und überflüssig geworden. Und schließlich muss es Ausdruck eines Dienstverständnisses sein, das dem Menschen hilft, seinen Glauben auszudrücken und die Nähe Gottes zu erfahren.

Wenn die Kirche nur noch ein Kulturpublikum anspricht, das aus Sehnsucht nach nostalgischen Formen kommt, wird sie ihrem Auftrag nicht mehr gerecht. Insofern ist die Erinnerung daran hilfreich, dass Menschen nicht allein durch Schönheit zur Kirche hingezogen werden, sondern

»viel eher dadurch, daß er in ihr die Wahrheit der geistigen Gemeinschaft mit den anderen auf der Grundlage einer echten und anspruchsvollen, dem Evangelium gemäßen Haltung lebendigen Glaubens, inneren Gehorsams, wahren Gebetes, der Liebe und des Dienstes findet (...) Unser Jahrhundert ohne Religion ist auch ein Jahrhundert erstaunlicher Erneuerung aus dem Evangelium. Es will die Wahrheit, die Echtheit, die Einfachheit des Evangeliums, und unter diesen Bedingungen bejaht man recht großzügig seine Forderungen.« (93f.)

Ist die letzte Anmerkung nicht zu euphorisch? Wie man es auch wendet, die Glaubwürdigkeit der Kirche wird immer auch daran festgemacht, dass ihre Boten selbst das leben, was sie verkünden. Gegen Lüge besonders in der Kirche reagieren Menschen sehr empfindlich, und der Kirche wird nicht mehr geglaubt, so feierlich und ehrwürdig sie sich auch präsentieren mag. Was ist hieran der diakonische Aspekt? Kirche handelt dort diakonisch, wo sie als einladend, wahrhaftig und ehrlich erlebt wird. Menschen müssen erleben, dass ihre Erfahrungen ernstgenommen werden und im kirchlichen Handeln Platz finden. Im hier dargestellten Ansatz werden sie auch insofern ernst genommen, als dass sie und ihre Erfahrungen eine Grundlage für die konkrete Ausgestaltung kirchlichen Lebens und Feierns bilden. Legt man einem solchen Dialogprozess den Dreischritt des Sehens-Urteilens-Handelns zugrunde, wird hier eine starke Inkulturationsfähigkeit der Kirche angenommen. Geistliche Menschen werden zu Gesprächspartnern, und selbst die Suchenden können ihnen angemessene Formen gemeinsam mit anderen entwickeln. Man kann sich vorstellen, dass Congar hier in sehr konkreten, kleinen Einheiten denkt, die den Dialog führen und für ihre Ortskultur eigene Formen zu finden versuchen. Dazu gehört der Dialog mit der Weltkirche, so dass die Einheit nicht verloren geht. Diese kann sich in einem solchen Konzept aber nicht in Uniformität zeigen, sondern in der dem jeweiligen Ort mit seinen Menschen angemessenen Form. Dass geistliche Menschen miteinander suchen, verhindert einen nur bequemen Weg. Tradition wird gelebt in Traditionen, es gibt diese nie ohne sie. Führt man diesen

Ansatz konsequent durch, lässt sich vorstellen, dass kirchliche Tradition und ihre Ausdrucksformen nicht als Museum erfahren, sondern durch Menschen je neu belebt und wahrhaftig geformt werden. Dass dies alles nicht bloße Theorie ist, sondern massive Auswirkungen auf das kirchliche Handeln hat, soll im Folgenden gezeigt werden. Als ein relativ aktuelles Beispiel soll das Dokument der Lateinamerikanischen Bischofskonferenz (CELAM) eingeführt werden, das 2007 in Aparecida verabschiedet wurde, an welches Papst Franziskus während seines Besuchs in Rio de Janeiro am 28. Juli 2013 vor den versammelten Bischöfen erinnert hat.[81] Er war als Erzbischof von Buenos Aires bekanntlich federführend an dem Abschlussdokument beteiligt. Es seien nur kurz einige Stichworte genannt, welche die Bedeutung des oben dargestellten pastoralen Ansatzes herausstellen. Der Papst erinnert daran, dass sich die Bischöfe der CELAM bewusst für den Dreischritt des »Sehen-Urteilen-Handeln« entschieden hatten. Als Methode birgt er jedoch eine Gefahr, auf die Papst Franziskus ausdrücklich hinweist: er kann aseptisch werden, d. h. er kann am »grünen Tisch« konstruiert werden und am Ende in ein lebloses, inspirationsarmes Abschlusspapier einmünden, das die Kirche und ihr Leben nicht weiter bringt. Pastoral kann nur Frucht bringen, wenn sie der »Dynamik der Inkarnation« entspricht. Anders als manche andere Bischofskonferenz hat CELAM an den Anfang der Erneuerungsbemühungen das Sehen gestellt. Konkret: Am Anfang steht nicht ein theologisches Dokument, sondern das Sammeln der Sorgen und Nöte der einzelnen Bischöfe und ihrer Teilkirchen. Wenn das Hinsehen wirklich konkret und fruchtbringend sein soll, wird es notwendig sein, möglichst kleine Einheiten in den Blick zu nehmen und die vielfältigen Bedingungen wahrzunehmen. Je mehr man sich von der Basis entfernt, desto ungenauer wird die Analyse. Und selbst in einer Teilkirche finden sich möglicherweise zahlreiche nebeneinander existierende Kulturen und Traditionen, die man nicht in einen großen Eintopf vermischen darf:

> »So gibt es zum Beispiel in ein und derselben Stadt verschiedene imaginäre Kollektive, die ›unterschiedliche Städte‹ bilden. Wenn wir nur

---

81 | »Der Klerikalismus ist ebenfalls eine sehr aktuelle Versuchung«, in: kath.net/news.42232 (28.07.2013).

in den Maßstäben der ›Kultur von immer‹ verharren, im Grunde einer Kultur auf ländlicher Basis, wird das Ergebnis schließlich eine Vereitelung der Kraft des Heiligen Geistes sein. Gott ist in allen Teilen: Man muss ihn zu entdecken wissen, um ihn in der Sprache jeder Kultur verkünden zu können; und jede Wirklichkeit, und jede Sprache hat einen eigenen Rhythmus.« (Papst Franziskus am 28.07.2013)

Pastorale Dynamik entsteht von unten nach oben, nicht umgekehrt. Es ist eine Selbsttäuschung zu meinen, solche Vielfalt habe es in der Kirche nie gegeben. Zentralistische Tendenzen sind eine relativ neue Versuchung kirchlichen Handelns.

8. Ertrag für ein diakonisches Kirchenverständnis heute

Möchte die Kirche heute den Weg gehen, eine diakonische und arme Kirche zu werden, leistet die theologische Grundlage, die hier gelegt worden ist, eine gute Hilfe, um darauf praktisch weiter zu arbeiten. Denn wir haben das Bild einer Kirche kennengelernt, die bereit zur Veränderung ist, weil sie diesen Schritt nicht klagend oder ängstlich geht, sondern aus der Erkenntnis und Erfahrung des Wirkens Gottes und seines Heiligen Geistes. Eine Kirche, die sich ganz identifiziert mit ihren schwachen Gliedern, lebt aus der Gnade und gestaltet aus diesem Bewusstsein ihren Alltag. Kirche lebt in jedem Einzelnen, und sie braucht jeden. Auch jeder Christ braucht in dieser Sicht der Kirche den anderen, er kann nicht Christ sein, ohne den Schwachen mitzunehmen. Damit handelt die Kirche nicht mehr einfach an den Menschen, sondern Menschen geben der Kirche ihr unverwechselbares Gesicht. In diesem Konzept kann die Kirche nicht ohne Pluralität und Freiheit gedacht werden. Das liegt auch an der pneumatologischen Grundlegung, die Congar vornimmt. Wenn jeder Christ (und Menschen außerhalb der Kirche) vom Geist zum Handeln getrieben werden kann, darf Kirche nie uniform werden. Natürlich muss die Kirche, müssen die Christen nach größerer Vollkommenheit streben, aber das Tempo werden dabei immer auch die Schwachen mitbestimmen. Die Sehnsucht nach einer reinen Kirche, einer Elitekirche, die Konzentration auf die sog. Kerngemeinden ist als eine Versuchung entlarvt worden, der die Kirche nicht nachgeben darf.

Geht es wirklich um den einzelnen Menschen, und nicht darum, eine von ihnen abgehobene Kirche zu retten, wird man Kirche viel stärker von unten, von den Menschen und ihren Lebenswirklichkeiten her gestalten müssen. Es geht dabei nicht mehr darum, die Institution Kirche oder Gemeinde und ihre institutionelle Gestalt zu bewahren, sondern die Kirche/Gemeinde versteht sich als Hilfe für den Einzelnen, Leben in Fülle zu finden. Was arme Kirche und ihr Dienst bedeutet, kann konkret nicht für alle Ortskirchen und die ganze Weltkirche bestimmt werden. Für die armen Länder kann das sogar bedeuten, nach einer besseren finanziellen Grundlage zu streben, um für alle da sein zu können. In einer reichen deutschen Gemeinde werden Armut und Dienst anders aussehen als in einem prekär geprägten Vorort einer Großstadt. Eine stimmige und wahrhaftige Form von Kirche und Gemeinde wird einen jeweils anderen Ausdruck erhalten. Wenn jeder seine Kirche mitgestaltet, spricht die Kirche hier ihr Vertrauen aus, dass Christen in der Lage sind, ihrer Gemeinde und ihrem Christsein das stimmige und wahrhaftige Gesicht zu geben. Danach aber zu suchen, ist der diakonische Anspruch, der sich theologisch in der Einheit aller Grundvollzüge und in einer dialogischen Grundstruktur der Kirche ausdrückt. Es wird eine Form sein müssen, die als Gegenwelt den Ärmsten nicht abschreckt oder ausschließt. Nach Wegen zu suchen, wie Menschen am Rande in den Dialogprozess einbezogen werden können, ist hiermit als Kernaufgabe der Kirche und der Christen vor Ort formuliert. Dass dieser Suchprozess ein mühsamer sein wird, ist deutlich geworden. In der kirchlichen Praxis darf es aber nie um ein Ausruhen gehen, sondern um das Fortschreiben einer lebendigen Tradition, in der alle Beteiligten, Amtsträger und einfache Gläubige, ja sogar die säkulare Gesellschaft, ihre Stimme mit einbringen.

II. Diakonisches Amtsverständnis

1. »Wir sind nur eure Diener« – biblische Grundlagen

Die Kirchenkonstitution *Lumen gentium* beschreibt die Kirche in einer Analogie zur Menschwerdung Christi. Genau wie beim Herrn selbst besteht die Kirche aus einer sichtbaren und einer unsichtbaren Wirklichkeit, die nicht voneinander getrennt werden dürfen. Die irdische »Institution« geht auf Christus selbst zurück. So wie seine Menschheit seine Gottheit gleichzeitig enthüllt und verbirgt, verhält es sich auch mit der sichtbaren Seite der Kirche, ihrem institutionellen irdischen Gefüge. Dabei ist jedoch die Analogie zu beachten. Die sichtbare Kirche ist nicht völlig deckungsgleich mit der Kirche Christi, und sie ist erst Recht nicht Christus selbst, der in der Geschichte fortlebt. Dies würde sie jeder Kritik und jedem Veränderungsbedarf entheben. Das gilt insbesondere auch für das kirchliche Amt. Theologisch gesprochen repräsentiert der geweihte Amtsträger Christus, aber er ist nicht der Herr selbst. Auch hier muss die Analogie streng beachtet werden. Je mehr die Gleichförmigkeit des Amtsträgers mit Christus betont werden sollte, desto deutlicher muss die Kehrseite angesprochen werden. Er ist nicht Christus, und auch seine durch die Weihe verliehene Autorität ist nicht gleichzusetzen mit der Autorität Christi. Sie ist eine über mehrere Instanzen hinweg übertragene Autorität, und nur gültig, insofern sie in Abhängigkeit von Christus ausgeübt wird. Der Amtsträger steht ganz unter seiner Leitung. Er soll Christus ähnlich werden, aber es gilt die je größere Unähnlichkeit immer im Blick zu behalten.

Diese Vorbemerkung schien notwendig zu sein, um den rechten Zugang zu der von Congar verwendeten Begründung des kirchlichen Amtes auf Christus und sein Beispiel zu finden. Congar fasst das Selbstverständnis des Wirkens Christi mit dem Begriff der »Diakonia«, dem »Dienst« zusammen. Dabei ist »Dienst« noch das harmlosere deutsche Wort. Jesus selbst macht sich zum »Sklaven« aller Menschen, so wie er andererseits ganz aus der Abhängigkeit des Vaters lebt. Im Abendmahlssaal zeigt er, was er sich unter seinem Sklavendienst vorstellt und welche Konsequenzen die Nachfolge für seine Jüngerinnen und Jünger haben wird.

Was ist ein Sklave? Der Sklave ist in der antiken Gesellschaft ganz seinem Herrn ausgeliefert. Sein Herr hat unmittelbar und uneingeschränkt Gewalt über den Sklaven. Dabei verlangt er von ihm, seine Wertvorstellungen zu teilen und im Ernstfall bereit zu sein, sein Leben für den Herrn zu geben. Es genügt nicht, wenn der Sklave streng nach Vorschrift handelt, er weiß, was sein Herr braucht und »gehorcht« von ganzem Herzen. Gehorsam bedeutet, den Herrn zu kennen und genau zu wissen, was er von seinem Knecht in diesem Augenblick verlangt.[82]

Jesus macht sich in diesem Sinne zum Diener und Sklaven im Hinblick auf zwei »Richtungen«: gegenüber dem Vater und gegenüber den Menschen, zu denen er gesandt ist. Jesus empfängt seine Sendung und auch

seine Autorität und Vollmacht von Ihm. Zu Lebzeiten ist nichts an ihm »selbstherrlich«. Die Sendung Jesu ist auf das Heil der Menschen und der Welt ausgerichtet. Daraus folgt das christliche Paradox, dass sich die Herrlichkeit im Augenblick der radikalsten Hingabe, im Sterben des Sohnes Gottes, offenbart. Größe und Würde sind christlich immer geschenkte und anvertraute Verantwortung durch Gott, den Vater, selbst. Dieser Gedanke wird noch wichtig sein im Hinblick auf kirchliches Amt und Autoritätsverständnis. Im Philipperhymnus (Phil 2,5–11) wird der Zusammenhang von Erniedrigung, Hingabe und Macht auf unnachahmliche Weise ausgedrückt. Dieser frühchristliche Hymnus zeigt die doppelte Sklavenschaft Jesu und den Zusammenhang der beiden »Linien«. Denn indem Christus sich ganz seiner Gottheit entäußert hat, wird er zum Sklaven der Menschen. Christus kann seinen Dienst nicht nur verrichten, indem er dem Vater gehorsam ist. Sklave der Menschen zu sein beinhaltet auch, den Menschen zu kennen, ganz für ihn da zu sein, im Ernstfall sein Leben für diesen Menschen zu geben. Und das, ohne dafür Dankbarkeit erwarten zu können. Christus verkleidet sich nicht als Mensch, sondern nimmt den Menschen an. Er muss genau kennen, was der Mensch braucht, er muss sich dessen Bedürfnisse zu Eigen machen, er muss selbst Mensch sein. Diener, Sklave sein, geht nur in einer tiefen, unlösbaren Beziehung, Beziehung zu Gott und Beziehung zum Menschen. Indem Jesus diese Beziehung wie kein anderer leben konnte, gelingt es ihm, Vermittler des Heils zu werden. Er bringt Gottes Heils-

---

82 | Vgl. Philippe Ariès/ Georges Duby (Hg.), Geschichte des privaten Lebens, Bd. I: Vom römischen Imperium zum Byzantinischen Reich, Augsburg 2000, 61–77.

willen und die menschliche Sehnsucht nach Heil in seiner Person zusammen.

Folgerichtig übernimmt Yves Congar in seine bibeltheologischen Grundlagen eines diakonischen Amtsverständnisses den paulinischen Gedanken von Christus als dem zweiten oder neuen Adam (Röm 5,12–21). Während Paulus mit Hilfe der Person Adams seine Rechtfertigungslehre illustriert, gibt Congar der Adam-Christus-Parallele ein neues Gesicht. Die eigentliche Sünde Adams bestand ihm zufolge darin, Leben zu zerstören, indem er sich ohne Rücksicht auf den anderen Menschen Besitz aneignet. Adam zerstört Leben, indem er besitzen und herrschen will. Der Mensch (Adam) lebt isoliert von Gott und der Schöpfung, darin besteht seine Sünde. Ziel der Erlösung ist es, Gemeinschaft zu stiften, damit Gott herrschen kann als »alles in allem«. Der neue Adam, Christus, baut auf, stiftet Gemeinschaft, gibt Gott Raum und ermöglicht Leben für alle. In der Adam-Christus-Parallele gelingt es Congar zu zeigen, wie Christus Beziehung lebt, dass Gottesbeziehung und Beziehung zum Menschen nicht voneinander zu trennen sind. Gerade der gekreuzigte Christus steht in seiner Ohnmacht für das Bestreben, Gott herrschen zu lassen und nicht selbst herrschen zu wollen. Das Kreuz, die Ohnmacht, ermöglicht Herrschaft Gottes und wird so zum Ort der Offenbarung der Herrlichkeit.

Das ganze Leben Jesu führt zu dieser Stunde am Kreuz hin, sein Sterben ist die letzte Konsequenz seines Dienstes. Bevorzugte Adressaten des Handelns Jesu sind nicht nur die materiell Armen, sondern alle Menschen, die unter sozialer und religiöser Ausgrenzung litten. Nicht nur Unterprivilegierte, sondern den ohnmächtig Abhängigen gilt die Botschaft von der Herrschaft Gottes.[83] Wo Gott herrscht, kann es keine Einteilung der Menschen in zwei Klassen geben, sondern Gott will König sein[84], alles in allem. Im Zusammenhang der Gottesherrschaft geht es nicht um eine kleine, heile Gemeindewelt, sondern um universale Erlösung, die schon hier in der gelebten Einheit und Überwindung zwischenmenschlicher Schranken erfahren werden kann.

Als die Jünger Jesu auf dem Weg nach Jerusalem darüber stritten, wer von ihnen der Größte sei, geht es nicht um eine liebenswürdige Kinderei,

83 | Vgl. Rudolf Hoppe, Jesus von Nazareth. Zwischen Macht und Ohnmacht, Stuttgart 2012, 52f.
84 | Vgl. Paul Hoffmann, Jesus von Nazareth und die Kirche. Spurensicherung im Neuen Testament, Stuttgart 2009, 20f.

sondern um das Wesen der Nachfolge. Der kirchliche Amtsträger wird mit der Weihe auf besondere Weise zum Repräsentanten Christi berufen und gesandt. Die Begründung des Amtes ist in der westlichen Theologie immer wieder christologisch fundiert worden. Es ist eine Möglichkeit, die gerne genutzt wurde und wird, daraus die ausnahmslose Weihe des Mannes zu begründen, der Christus, den Bräutigam der Kirche, darstellt. Das hierarchische Prinzip wird traditionell christologisch begründet: Gott sendet Jesus, Jesus die Apostel, die das Wort des Evangeliums unverfälscht über die Generationen hinweg überliefern und für die rechte Verkündigung stehen. Congar bringt ein wichtiges Korrektiv dieses traditionellen Ansatzes in die Diskussion, die uns zu einem diakonischen Verständnis des Amtes hinführt. Denn ihm geht es nicht um Hierarchien und die rechte Glaubenslehre, zumindest nicht vorrangig. Er beschreibt die vollständige Abhängigkeit auch des Sohnes vom Vater, der ihm alle Herrlichkeit übertragen hat. Aus sich hat der Sohn nichts. Beruft sich der kirchliche Amtsträger auf seine Christusrepräsentanz, stellt er den Sohn Gottes dar, der seine Gottheit »nicht wie einen Raub festhielt«, sondern sich erniedrigte und ganz in der Ohnmacht lebte, dabei alle Kraft vom Vater empfing; und der schließlich in der doppelten Sklavenschaft lebte und handelte. Kirchliches Amt ist so verstanden das genaue Gegenteil von allem, was Menschen mit Macht, Selbstdarstellung und Besitzanspruch über andere verbinden mögen. Ferner wird deutlich, dass Gottes- und Menschendienst nie voneinander getrennt werden dürfen. Wer Gott kennt, kennt den Menschen; gerne wird dies in Predigten beschworen. Es gilt aber auch die Kehrseite, die lieber übersehen wird. Man kann Gott nicht finden, indem man die Welt der Menschen ignoriert. Gottesdienst vollzieht sich nicht im geschichtsleeren Raum. Ein Priester oder Bischof, der auf Christus seine Amtsvollmacht begründet, darf nicht vergessen, dass er sie nur hat um der Menschen willen, oder er hat sie nicht. Ziel der Berufung ist die Gemeinschaft, das Leben in Fülle, die Selbstgabe, besonders an die Menschen, die religiös oder sozial nicht in der Mitte der Gesellschaft oder der Kirche leben. Ein kirchliches Amt in der Nachfolge Jesu ist Beziehungsarbeit, Kommunikation, Hinhören, und zwar in Richtung Gottes und der Menschen.

Wenn Jesus die Jünger ohne Besitz und Wanderstab losschickt (Lk 10,1–9), kann es nicht beruhigen, dass historisch die Zeit der Wanderprediger vorbei ist. Die Forderung, seine Berufung nicht auf eigene Leistung, auf

Besitz und Ansehen zu gründen, bleibt als Stachel im Fleisch aller Priester lebendig. Der Wanderstab war ein Mittel zur Selbstverteidigung gegenüber Angreifern unterschiedlicher Art. Gewaltlos zu leben, nimmt heute andere Formen an als zur Zeit Jesu, bleibt aber ebenfalls eine lebenslange Herausforderung, hat der Priester doch immer noch Gewalt über andere. Es ist nicht so einfach, der Versuchung zu widerstehen, diese Gewalt nicht doch zu eigenen Gunsten auszunutzen. Wenn es stimmt, dass für Jesus das Reich Gottes dort beginnt, wo Herrschaft von Menschen über andere Menschen nicht mehr den Alltag bestimmt[85], ist Nachfolge Christi im geweihten Amt etwas anderes als die Übertragung von Herrschaftsvollmachten und die Sicherung des wahren Glaubens allein. Das Amt ist Lebensgemeinschaft mit Gott und den Menschen. Auch in den biblischen Gemeinden gab es Autoritäten und Verantwortung, es gab Handauflegung und »Weihe«, aber es war auch eine Ahnung vorhanden, wie schnell der Dienst in Herrschaft umkippen kann. Der Jüngerstreit gibt beredtes Zeugnis dafür.

Die hier vorgetragenen Gedanken sind zunächst zugegebenermaßen im Grundsätzlichen geblieben. Vielleicht lassen sich aber schon bestimmte konkrete Konsequenzen ahnen, denen im Folgenden nachgegangen werden soll. Wenn das Amt eingespannt ist in den Gehorsam Gott und den Menschen gegenüber und als Ausdruck des Gehorsams Knechtsdienste an den Menschen verrichten soll, muss nun die Amtsidentität in Beziehung zu den Menschen in der Gemeinde und darüber hinaus angeschaut werden.

---

85 | Vgl. Hoffmann, Jesus von Nazareth und die Kirche, 64f.

2. Amt und Gemeindebezug

In Kontext der Überlegungen zur armen und dienenden Kirche gehört die enge Verbindung der Amtsträger in der Kirche zu ihrer Gemeinde zum Kern der Ekklesiologie. Alle bilden gemeinsam die eine Kirche. Dabei bettet Congar das Amt ganz in seine Sicht der Kirche als Volk Gottes ein, dem es zu dienen hat. Jeder Christ bildet die Kirche, das Amt dient dem Aufbau von Kirche und konkreter Gemeinde. Unvorstellbar ist eine kirchliche Amtsausübung gegen die Gemeinde, die immer als geisterfüllte Gemeinschaft gesehen wird. Die Art der Amtsausübung muss so gestaltet sein, dass die Kirche/Gemeinde als Ganze zu einer Gemeinschaft der Liebe werden kann. Congar sieht auch zu seiner Zeit noch die Tendenz, die Amtsträger von der Gemeinde abzugrenzen und zu einer gesonderten Klasse zu bilden. Nicht mehr die Gemeinsamkeit des Christseins steht dann im Blickfeld, sondern der Klerus bildet eine eigene Form des Christseins, er wird zum eigentlichen Repräsentanten der Kirche. Congar ermutigt zu einer Wiederentdeckung der Gemeinschaft der Glaubenden, die durch Taufe und Firmung geweiht sind und mit den Priestern und Bischöfen die Kirche bilden.

Dass dies keine banale Forderung ist, zeigt ein Blick in die Dogmatische Konstitution *Lumen gentium* und die dort wahrzunehmenden Spannungen im Text von LG 10.[86] Vor die Überlegungen über das besondere hierarchische Priestertum in der Kirche und das Bischofsamt stellen die Konzilsväter in diesem Abschnitt die Volk-Gottes-Ekklesiologie:

»Christus der Herr, als Hoherpriester aus den Menschen genommen (vgl. Hebr 5,1–5), hat das neue Volk ›zum Königreich und zu Priestern für Gott und seinen Vater gemacht‹ (vgl. Offb 1,6; 5,9–10). Durch die Wiedergeburt und die Salbung mit dem Heiligen Geist werden die Getauften zu einem geistigen Bau und einem heiligen Priestertum geweiht, damit sie in allen Werken eines christlichen Menschen geis-

86 | Vgl. zum Folgenden Peter Hünermann, Theologischer Kommentar zur dogmatischen Konstitution über die Kirche *Lumen gentium*, in: ders./ Bernd Jochen Hilberath (Hg.), Herders Theologischer Kommentar zum Zweiten Vatikanischen Konzil, Bd. 2, Freiburg – Basel – Wien 2009, 374–379.

tige Opfer darbringen und die Machttaten dessen verkünden, der sie aus der Finsternis in sein wunderbares Licht berufen hat (vgl. 1 Petr 2,4–10). So sollen alle Jünger Christi ausharren im Gebet und gemeinsam Gott loben (vgl. Apg 2,42–47) und sich als lebendige, heilige, Gott wohlgefällige Opfergabe darbringen (vgl. Röm 12,1); überall auf Erden sollen sie für Christus Zeugnis geben und allen, die es fordern, Rechenschaft ablegen von der Hoffnung auf das ewige Leben, die in ihnen ist (vgl. 1 Petr 3,15). Das gemeinsame Priestertum der Gläubigen aber und das Priestertum des Dienstes, das heißt das hierarchische Priestertum, unterscheiden sich zwar dem Wesen und nicht bloß dem Grade nach. Dennoch sind sie einander zugeordnet: das eine wie das andere nämlich nimmt je auf besondere Weise am Priestertum Christi teil (16). Der Amtspriester nämlich bildet kraft seiner heiligen Gewalt, die er innehat, das priesterliche Volk heran und leitet es; er vollzieht in der Person Christi das eucharistische Opfer und bringt es im Namen des ganzen Volkes Gott dar; die Gläubigen hingegen wirken kraft ihres königlichen Priestertums an der eucharistischen Darbringung mit (17) und üben ihr Priestertum aus im Empfang der Sakramente, im Gebet, in der Danksagung, im Zeugnis eines heiligen Lebens, durch Selbstverleugnung und tätige Liebe.«

Peter Hünermann macht in seinem Kommentar auf einige wichtige Punkte aufmerksam. Es entspricht dem biblisch-neutestamentlichen Sprachgebrauch und der frühchristlichen Praxis, den Priestertitel zunächst allein auf Christus und das Gottesvolk anzuwenden. Erst im 3./4. Jahrhundert beginnt man, den Bischof als Hoherpriester oder »Sacerdos« zu beschreiben. Das oft konfliktreiche Bemühen, das Zueinander von gemeinsamem Priestertum und dem hierarchischen Priestertum zu klären, durchzieht die gesamte Kirchengeschichte. Oft waren es häretische Gruppen, die das Weihepriestertum zugunsten einer charismatischen Lebensweise und Gleichheit aller Getauften ablehnten. Die Aussagen Luthers zu diesem Thema gehen in diese Richtung. Die katholische Reaktion darauf war die starke Betonung des Unterschieds zwischen Klerus und Laien und eine »Tabuisierung« des Priestertums des Volkes Gottes[87] LG 10 versucht Einseitigkeiten zu korrigieren. So beginnt dieser zen-

---

87| Vgl. ebd. 375.

trale Text mit dem Hinweis auf Christus, den eigentlichen Priester, und das priesterliche Gottesvolk, das seine priesterliche Würde unmittelbar von Christus herleitet. Im zweiten Teil wird der andere Traditionsstrang aufgegriffen, der vom wesenhaften Unterschied zwischen dem gemeinsamen und dem Weihe-Priestertum spricht. Interessant ist der Hinweis Hünermanns auf das vorbereitende Schema zu LG 10, in dem noch das Weihepriestertum als das »eigentliche«, das Priestertum des Volkes Gottes lediglich als »metaphorisches« bezeichnet wurde. Dieser Ansatz wird nun korrigiert, indem beide Gruppen in der Kirche am einen Priestertum Jesu Christi teilhaben. Beide sind aufeinander bezogen, das geweihte Amt verrichtet einen Dienst am Volk Gottes, es heranzubilden (durch Verkündigung, Lehre und Unterweisung), zu leiten und in seinem Namen das eucharistische Opfer darzubringen. Tatsächlich tauchen dann aber im Text einige Unschärfen auf, die zeigen, dass ein gemeinsames Priestertum aller nicht konsequent im Blick ist. Auffallend ist der Gegensatz zwischen »Amtspriestern« und den »Gläubigen« am Ende des Textes, so dass doch zwei Gruppen entstehen, deren Gemeinsamkeit hier zumindest sprachlogisch nicht mehr auf dem gemeinsamen Priestertum basiert. Auch liturgisch nehmen die Gläubigen (die der Text zuvor als Priester gewürdigt hatte) eher passiv durch den Sakramentenempfang an der Feier teil. Wie sich das Konzil konkret den Priesterdienst des ganzen Gottesvolkes vorstellt, wird nur sehr allgemein angedeutet. Es bleibt festzuhalten, dass sich im vorliegenden Text verschiedene Traditionen verbinden, wobei die Grundlage des gemeinsamen Priestertums nicht überzeugend durchgehalten wird. Immerhin bietet der Text die Basis dafür, ohne das hierarchische Priestertum in irgendeiner Weise zu bestreiten, konkreter an der Verwirklichung des einen Priestertums Christi, das durch Taufe und Firmung grundgelegt ist, zu arbeiten.

Ein Blick in die Geschichte: die Entwicklung der Theologie des »Charakter indelebilis« als Konkretion

Sobald der Bischof und der geweihte Amtsträger in der Kirche einen priesterlichen Dienst vollzog und er auch als »Priester« – Sacerdos bezeichnet wurde, tauchte die Notwendigkeit auf, die theologische Bedeutung der Weihe im Gegensatz oder in Ergänzung zu Taufe und Firmung zu bedenken. Etwa im 4. Jahrhundert verwenden Theologen den Ausdruck des unauslöschlichen »Charakters«, den die Weihe verleiht. Ernst Dassmann ist bereits 1973 der Frage nachgegangen, inwieweit dieser neue Gedanke in der Ämtertheologie der Kirche die biblische Botschaft erhellt oder verfälscht habe, oder eine Anmaßung oder Verlegenheit sei.[88] Es lohnt sich, seinen Gedanken nachzugehen. Die spannende Frage, welche die Rede vom »Charakter« der Weihe auslöst, ist die nach dem Sinn und den Folgen: war es Herrschsucht oder die Sehnsucht nach einer zuvor unbekannten Sakralisierung des kirchlichen Amtes? In erster Linie ging es um ein anderes wichtiges Anliegen. Die Zeit der Charismatiker war zu Ende gegangen, aber gerade deswegen war es lebensnotwendig für die Gemeinden, sich durch das Amt mit den Anfängen der Kirche zu verbinden. Das Charisma sollte im Amt fortleben.[89] In der Weihe wurde und wird den Kandidaten der Heilige Geist verliehen, so dass Amt und Charisma zusammenfließen. So konnte garantiert werden, dass das Charisma nicht mehr allein an die natürlichen Begabungen und Eigenschaften des Weihekandidaten gebunden war, der Geist vielmehr in der Kirche wirken konnte, auch wenn der Amtsträger selbst eine schwache oder eher ungeeignete Persönlichkeit mitbrachte. Umso wichtiger wird in der Folge das Bemühen um ein geistliches Leben und eine glaubwürdige Ausgestaltung der Amtsführung. Große Autoren arbeiten an diesem Problem, denn natürlicherweise war für manchen Bischof die Versuchung groß, sich allein auf seine Weihevollmachten zu berufen und sich ansonsten ein schönes und angenehmes Leben zu machen und den heiligen Geist weniger als Korrektiv denn als Unterstützung seiner persönlichen Amtsausübung zu gebrauchen. Liest man heute etwa die »Regula Pastoralis« Gregors des Großen, schaut in die Vita eines Origenes oder studiert die Konflikte eines großen Bischofs wie Johannes Chrysostomus, ahnt man, wie die bischöfliche Landschaft der damaligen Zeit aussah und wie realistisch die Versuche derartiger Theologen und Hirten war, ihre Mitbrüder aus ihrer Bequemlichkeit herauszurufen. Ernst Dassmann stellt das Dilemma dar, das durch eine theologische Vertiefung der Ämtertheologie seit dem 2./3. Jahrhundert entstanden war. Je mehr man in der Theologie die Würde des Amtes betonte, desto größer wurde der empfundene Zwiespalt zwischen Theorie und Wirklichkeit

---

88 | Ernst Dassmann, Charakter indelebilis. Anmaßung oder Verlegenheit? (Kölner Beiträge 11), Köln 1973, 8.
89 | Vgl. ebd. 10.

empfunden, gerade auch von nichtgeweihten Theologen wie Origenes.[90] Geistliche Begründung steht zunehmend im Konflikt mit der amtlichen Sicherung und die Frage wurde bedrängender, wie denn Menschen, deren Lebensführung immer wieder mit »Arrogantia« und »Superbia« beschrieben werden durften, den Gemeinden den Heiligen Geist vermitteln konnten. Wenn große Theologen die Notwendigkeit des geistlichen Lebens vor dem Hintergrund leidlicher Erfahrungen herausstellten, zeigten sie damit, dass es den Gemeinden nicht genügen kann, gültig und rechtlich zulässig die Sakramente zu feiern. Das sakramentale Amt genügt nicht für das kirchliche Leben. Theologisch mag es zwar stimmen, dass die Gläubigen durch einen gültig Geweihten auch gültig die Sakramente empfangen und damit der Fortbestand der Kirche garantiert ist, man muss jedoch zugeben, dass diese an sich sinnvolle Theorie von der Praxis in Frage gestellt wird. Dassmann zeigt dies am Beispiel des Bußsakramentes: natürlich mag es für das Heil des Menschen ausreichend sein, eine sakramental gültige Lossprechung von Schuld und Sünde zu erhalten, die Herzen erreicht ein unglaubwürdiger Amtsträger jedoch nicht, so dass es für ihn schwer sein wird, den Büßer auch zur notwendigen Umkehr zu bewegen und Hilfestellungen für einen Neuanfang in der Kirche und im Hinblick auf seine Lebensführung zu motivieren. Für einen Prozess der Umkehr, in dem das eigentliche Geschehen der Lossprechung nur einen Schritt darstellt, ist die sakramentale Gültigkeit nicht hinreichend. Ein unglaubwürdiger Bischof ist zwar Bischof, aber sein Dienst bleibt für die Kirche unwirksam, so die frühchristliche Erfahrung.[91] Er ist Bischof und ist es im Wortsinne doch nicht. Zur wirksamen Ausgestaltung des Amtes gehören unverzichtbar die kommunikative Fähigkeit, das persönliche Zeugnis, das nicht nur aus Wortgeklingel besteht, die lebendige Beziehung zur Gemeinde, die den Dienst des Bischofs mitträgt und bejaht.

Je mehr auch in der frühchristlichen Theologie die geistliche Vollmacht von der Person des Bischofs getrennt wird (aus historisch verständlichen Gründen), desto stärker wird die Trennung von der Gemeinde, für die der Bischof bestellt ist. Dass sich bedeutende Theologen der damit verbundenen Problematik bewusst waren, zeigen theologische Aussagen, die dar-

90 | Vgl. ebd. 12.
91 | Ebd. 13.

auf hinweisen, dass es der Gemeinde zugutekommt, wenn die sakramentale Heilsvermittlung von der Person des Amtsträgers unabhängig bleibt. Die Zielrichtung des »Charakter indelebilis« bliebe somit die Gemeinde, nicht der Amtsträger für sich. »Wir sind Priester nicht wegen uns, sondern wegen ihnen«, fasst Augustinus sein bischöfliches Selbstverständnis zusammen.[92] Die Würde des Amtes und die Anerkennung und Beziehung zur Gemeinde bildet eine theologische Grundlage für das kirchliche Amt in der Gemeinde. Bischöfe und Priester stellen sich als Sünder unter die Gnade Gottes, der sie als Sünder befähigt, in seinem Namen und Vollmacht zu handeln. Bei aller Problematik wurde die Betonung des »Charakters« der Weihe als Demutszeichen verstanden.

Es lohnt sich, in heutigem kirchlichem Selbstverständnis ein wenig auf Spurensuche zu gehen.

Spurensuche in kirchenamtlichen Texten

Schon Ernst Dassmann[93] stellt eine Schwerpunktverlagerung fest, die er kritisch an das Ende seiner Ausführungen zum »Charakter indelebilis« stellt. Ging es den frühchristlichen Theologen noch um den Gemeindebezug des Amtsträgers, rücken seiner Wahrnehmung zufolge in neueren Texten zunehmend die Verähnlichung mit Christus, der Unterschied zum Laien, und die Selbstreferenz des Geweihten in den Fokus. Der »Charakter« mag kein Ausdruck klerikaler Anmaßung sein, habe aber auch seinen Demutscharakter eingebüßt. Die Abgrenzung von den Laien in der Kirche stände vor der Gemeinsamkeit und dem Dienstcharakter.

Auf die in LG gelegte Spur ist bereits hingewiesen worden. Das Dekret *Presbyterorum Ordinis* (PO) des II. Vatikanums stellt neben *Lumen gentium* sicher die wichtigste Quelle für ein Nachspüren der Amtstheologie dar. PO selbst geht zunächst von der Sendung der ganzen Kirche aus.[94] Durch das Amt handelt Christus selbst sakramental an der Kirche. Taufe und Firmung bilden die unverzichtbare Grundlage für den Empfang der Weihe. Die Initiationssakramente verbinden die Geweihten untrennbar

---

92 | Ebd. 18.
93 | Ebd. 19.
94 | Vgl. Peter Hünermann/ Ottmar Fuchs, Zur Gewichtung von *Presbyterorum Ordinis*, in: Peter Hünermann/ Bernd Jochen Hilberath (Hg.), Herders Theologischer Kommentar zum Zweiten Vatikanischen Konzil, Bd. 4, Freiburg – Basel – Wien 2005, 543–561.

mit den anderen Gläubigen in der Kirche. Ottmar Fuchs sieht das Neue gegenüber den Konzilsaussagen von Trient in »der starken Betonung des kirchlichen Lebenszusammenhages und des gemeinschaftlichen Weges der ganzen Kirche«[95]. Dieser Weg, den PO beginnt, ist nach Einschätzung von Fuchs danach nicht mehr konsequent beschritten worden. Das gemeinsame Handeln aller Getauften auf der Grundlage ihrer Sendung hätte missionarische und diakonische Wirkung entfalten können, insbesondere das kirchliche Lehramt habe sich mehr und mehr in die Defensive begeben. Dort, wo versucht worden sei, gemeinsam im Zusammenleben mit den Menschen außerhalb der Kirche Mission und Diakonie zu verbinden (etwa in der Theologie der Befreiung), sei seitens des Lehramts mit Vorsicht und Ängstlichkeit reagiert worden. Damit habe die Kirche insgesamt zumindest in Europa ihre Pluralitätsfähigkeit verloren, deren Grundlage ein gemeinsames Handeln aller Gläubigen im Volke Gottes gewesen wäre. Symptome der Krise seien Kommunikationsprobleme, der Rückzug in das sakramentale Handeln zulasten der Diakonie, der Zusammenhang zwischen Dogma und Pastoral werde nicht weiter vertieft.[96]

1992 hat Papst Johannes Paul II. mit dem Schreiben *Pastores dabo vobis* die Ergebnisse der vorangegangenen Bischofssynode zusammengefasst. Dabei geht es sowohl um die Frage der priesterlichen Identität als auch um die entsprechende Ausbildung der Kleriker. Interessanter Weise ging das Bemühen um besser ausgebildete Priester von den Laien in der Kirche aus, die sich dadurch eine Förderung ihres eigenen Apostolats versprachen. Damit formuliert der Papst den Dienstcharakter des Amtes mehr als deutlich. So wie die Reformation der Grund dafür war, dass über Jahrhunderte das Bemühen um das gemeinsame Priestertum aller Gläubigen in der Versenkung verschwand, so mag auch die insgesamt negative Gesellschaftsanalyse der Grund dafür sein, dass sich in *Pastores dabo vobis* eine gewisse Schlagseite bei der Suche nach einer zeitgemäßen priesterlichen Identität eingestellt hat.

Die Gegenwartsbeschreibung nennt bekannte Phänomene: Gleichgültigkeit auch der Gläubigen gegenüber der Kirche und ihrer Botschaft, Pluralismus, Subjektivismus, mangelnde Systematik in der Katechese,

95 | Vgl. ebd. 547.
96 | Vgl. ebd. 551–554.

Misstrauen gegenüber dem Lehramt, Konsum, Materialismus und ein falsches Verständnis von Freiheit in der jungen Generation (7). Allein diese Wahrnehmung der Realität wäre ein Chance gewesen, die positiven Aspekte einer gelebten Pluralität und die Bedeutung der Sehnsucht nach Freiheit und die daraus folgenden kirchlichen Möglichkeiten einmal auszuloten. Es verhindert sicher sowohl das missionarische als auch das diakonische Anliegen der Kirche, sich immer nur als Gegenwelt zu verstehen und nicht auch die Chancen zu sehen, die in solchen Zeitströmungen offenkundig werden. Abgrenzung bestimmt konsequentermaßen auch die priesterliche Identität. Das Priestertum wird direkt von Christus abgeleitet, eine Grundlage von Taufe und Firmung wird vielleicht vorausgesetzt, aber jedenfalls nicht genannt. Beide Priestertümer gehen parallel von Christus aus. Immer wieder betont der Text die priesterliche Identität von Christus her. Diese soll hier auch keineswegs bestritten werden, aber es könnte genauer gefragt werden, was dies denn über die in der sakramentalen Weihe geschenkte Vollmacht hinaus konkret und pastoral bedeuten könnte. Christus bewegt sich dem Text zufolge nicht primär inmitten seiner Kirche, vielmehr ist das bestimmende Bild, das den Text wie ein roter Faden durchzieht, das von Christus als dem Haupt der Kirche. Christus steht seiner Kirche gegenüber, und damit auch der Priester, der sich ganz der Kirche hingeben soll. Daneben wird der Dienstcharakter herausgestellt: Der Priester soll ein Mann des Dialogs sein, einen pastoralen Lebensstil pflegen, die Charismen in der Gemeinde fördern.

Bereits in diesem päpstlichen Dokument kann ein starkes Parallelisieren des Priesters mit Christus festgestellt werden, er rückt zunehmend in die Funktion des Hauptes, und auch in die Rolle des Gegenübers zur Gemeinde. Die Analogie, die ja auch die Unähnlichkeit feststellt, ist nicht wahrnehmbar. Der Priester ist derjenige, der wie Christus gibt und sich selbst für die Kirche hingibt, der alle Kraft und Vollmacht von Christus empfängt. Seine Identität besteht darin, ein zweiter Christus zu sein und ihn gegenüber und in der Gemeinde darzustellen. Es muss wiederholt werden: dies soll nicht bestritten werden, aber muss doch m. E. ergänzt werden, um den Priester in seiner Rolle nicht permanent zu überfordern und um seine Lebenswirklichkeit ansatzweise einzufangen. Es fällt doch auf, dass von der Gemeinde selbst keine identitätsstiftende Wirkung für den Priester erwartet wird. Ob es dem Priester in seiner Lebensgestaltung hilft, sich primär und stetig als Gegenüber der Gemeinde zu sehen, darf doch bezweifelt werden. Sich existenziell allein außerhalb von Welt und Gemeinde zu verorten, entspricht schließlich kaum der gelebten Wirklichkeit.

Damit ist auch die diakonische Thematik berührt. Was heißt es denn konkret, wie Christus, das Haupt, für die Kirche und die Welt zu leben? Als Christus Mensch wurde, verortete er sich ja keineswegs gegenüber der Welt, sondern er wurde Teil dieser Welt. Das Bild vom Haupt als Gegenüber des Leibes der Kirche kann ja durchaus eine anatomische Verwirrung auslösen. Christus wird nicht nur mit dem Bild des Hauptes zutreffend beschrieben, sondern auch mit dem wesenhaften Annehmen der ganzen menschlichen Natur. Christus bewegt sich unter den Menschen, unerkannt und als einer von ihnen. In der Suche nach der priesterlichen Identität scheint mir dieser Gesichtspunkt doch sträflich vernachlässigt zu sein. Wenn in kirchlichen Dokumenten (etwa LG 31) zwischen dem Welt- und dem Heilsdienst unterschieden wird, wobei der eine Sache der Laien, der andere Dienst der Geweihten ist, fragt man sich als Priester schon einmal, wie man sich ein Leben vorzustellen habe, das sich allein im Bereich des Heils und im Gegenüber zur Welt vollzieht. So richtig und theologisch unverzichtbar der Gedanke der sakramentalen Christusrepräsentanz des Amtes in der Kirche ist, so christologisch problematisch bleibt doch die Reduzierung der Menschwerdung Christi auf seine Rolle als Haupt und Gegenüber zur Kirche und zur Welt. Einseitig weitergedacht kann der Versuch, eine besonders katholische Identität so zu formulieren, leicht in eine christologische Häresie umschlagen. Christus wird Teil der Menschheit, und so muss auch der Priester seine Identität suchen in ihrer Gemeinschaft und auch in der gelebten Gemeinschaft mit den anderen Gläubigen, die die Würde des Priestertums mit ihm teilen durch Taufe und Firmung.

Dass das Amtsverständnis im Hinblick auf seine Beziehung zur Gemeinschaft der Glaubenden und auch zur sogenannten Welt Schlagseite bekommen hat, wird endgültig deutlich im zusammenfassenden Papier der Kleruskongregation zum Internationalen Symposion zum 30. Jahrestag von PO vom 28. Oktober 1995. Auch hier wird nochmals die priesterliche Identität herausgestellt als Vollmacht, unauslöschliches Prägemal, Christusvergegenwärtigung und Christusbeziehung. Die kirchliche Dimension des priesterlichen Dienstes zeigt sich hier ausdrücklich allein in der gelebten Gemeinschaft mit den priesterlichen Mitbrüdern und dem Bischof. Dass der Priester in einer Gemeinde oder in Beziehung zu anderen gläubigen Christen lebt, wird nicht als priesterliches Identitätsmerkmal genannt. Vielmehr müsse der Unterschied zum gemeinsamen Priestertum klar herausgestellt werden. Identität wird durch abgrenzende Profilierung angestrebt. Der Dienst des Priesters in der Gemeinde versteht sich als »Animation« der Laien im zeitlichen Bereich (also Weltdienst), die Pastoraltätigkeit wird zum Mittel der »persönlichen Heiligung«. Wie in dieser Absonderung einer priesterlichen Welt von den anderen kirchlichen und säkularen Welten eine Neuevangelisierung geschehen soll, bleibt eine offene Frage. Wenn dieser Text den Priester auffordert, Zeuge der Liebe zu sein, bleibt dies doch sehr abstrakt. Liebe kann ja nur glaubwürdig werden, wenn es zu einer Begegnung kommt, und nicht nur zu einem Herausschauen von der eigenen in die ansonsten abzugrenzende Welt.

Sollte es vor dem Hintergrund einer solchen priesterlichen Identität von Fall zu Fall zu einem tiefen Graben zwischen den Geweihten und den übrigen Gläubigen gekommen sein[97], verwundert dies nicht. Franz Xaver Kaufmann stellt jedoch auch fest, dass konkret bekannte Priester von den Mitchristen meist anders erlebt werden. Dies mag belegen, dass manche theoretische Identitätssuche die eigentliche Lebenssituation nur schwer wiedergibt. Priester, die in einer spirituellen Sonderwelt leben, vermögen weder missionarisch noch diakonisch zu überzeugen. Yves Congar legt einen Finger in eine immer noch offene Wunde der Kirche. Denn man kann nur fürchten, dass die dargestellten Entwicklungslinien nicht nur eine gewollte Kluft zwischen der Welt des Klerus und der Laien, sondern auch eine fehlende Übereinstimmung zwischen den lehramtlichen Aussagen und dem Leben der Priester festschreiben. Beides würde einen glaubwürdigen Dienst der Kirche erheblich behindern. Der Sklavendienst Christi vollzog sich auch inmitten der Menschen und ihren Lebenswelten.

Welche konkreten Auswirkungen frühchristliches Gemeindeverständnis für die Lösung heutiger Fragen haben könnte, hat ebenfalls Udo Schmälzle gezeigt.[98] Die von Congar ausgelösten Fragen sind seiner Ansicht nach längst nicht erledigt. Er macht auf die theologischen und

---

97 | So Kaufmann, Kirchenkrise, 139.
98 | Vgl. Schmälzle, Charismen teilen, 175–179.

praktischen Fragen und Probleme aufmerksam, die aus einem Gemeindeverständnis entstehen, das die Bezeichnung als »Kirche« und das die Gegenwart Christi in der Gemeinde allein auf die sakramental begründete Gemeindeleitung durch den Priester konzentriert. In der alten Kirche findet Schmälzle dagegen repräsentative Belege, welche nicht nur ein Miteinander der verschiedenen Ämter und Charismen bezeugen, sondern auch von der Gegenwart Christi in den oft kleinen Gemeinden ohne Priester sprechen. Der Glaube an die Gegenwart Christi in allen Getauften als die Grundlage für das Kirche-Sein nährt sich aus dem Taufverständnis und der Bedeutung der Caritas, und kann sich auf die Heilige Schrift selbst berufen.

3. Amtsautorität und geistliches Leben

Es ist die große Spannung deutlich geworden, die zwischen dem Anspruch des kirchlichen Amtes und der Wirklichkeit liegt. Gerade wenn die Weihe und der mit ihr verliehene Charakter von den Ursprüngen ein Ausdruck der Demut und auf die Gemeinde hingeordnet gewesen ist, wird die Notwendigkeit und die Zielrichtung eines geistlichen Lebens der Priester (und Bischöfe) sichtbar. Wie ein roter Faden durchzieht das Buch Congars das Nachdenken über eine geistliche Lebensgestaltung. Sie bildet die Grundlage für die Autorität und eine demütige Wahrnehmung priesterlicher Weihevollmachten.

Zunächst scheint es eine theologische Spitzfindigkeit zu sein, wenn er die gesamte Würde und das Ansehen Jesu ganz aus dessen Beziehung zum Vater herleitet. Damit setzt er die Autorität Jesu in Gegensatz zu den gängigen menschlichen Herrschafts- und Autoritätsformen. Normalerweise zeichnet sich Herrschaft dadurch aus, dass andere in Abhängigkeit gehalten sind. Die Beziehung zum Vater ist für Jesus jedoch der tiefste Grund seiner Freiheit. Und auch für den, der Jesus folgt, ist die Nachfolge Grundlage einer Freiheit, die sich darin erweist, auch dem Anderen Freiheit zu lassen (24f.). Echte Autorität zeigt sich demzufolge in der Ermöglichung von Freiheit, die den anderen Menschen nicht unterordnet, sondern der Freiheit des Anderen einen Inhalt und ein Ziel anbietet, die für das eigene Leben maßgeblich geworden sind. Die Art und Weise, wie sich christliche Vollmacht oder Autorität zeigt, muss der Quelle entsprechen, auf die sich Autorität gründet. Und hier macht Congar klar, dass sich Autorität im Verschenken, nicht im Beharren darauf erweist, was derjenige Amtsträger als Vollmacht bzw. Charakter übertragen bekommen hat. Anhand dieser theologischen Grundlage von Autorität kann gezeigt werden, wie in der frühen Kirche kein Gegensatz zwischen dem »mystischen« und dem »juridischen« Element von Autorität gezogen werden durfte. Ursprünglich war gedacht, das charismatische Element der Gemeinde durch die »Veramtlichung« der Charismen im ordinierten Dienstamt zu bewahren. Das Amt war ganz auf die Charismen bezogen. Durch die späteren Entwicklungen kam es dazu, Amtsvollmachten mehr rechtlich als wirklich geistlich zu begründen; schließlich auch, sie mehr gegenüber als in der Gemeinde zu verorten, indem der Amtsträger seinen Dienst nicht mehr als »Sorge um Ermöglichung«[99] von Charismen verstand, sondern der Charismen-»Besitz« allein ihm zugeschrieben wurde. Bis dahin, dass Themen der Spiritualität rechtlich gefasst und nach und nach allein auf den Papst hin zentralisiert werden (44). Durch die Verrechtlichung von Autorität kommt es auch zu einer fatalen theologischen Schieflage: Es ist gezeigt worden, dass selbst in neueren kirchlichen Dokumenten die Gefahr längst nicht überwunden ist, Amtsvollmacht ganz als Entsprechung zur Vollmacht Christi zu verstehen. Wenn jedoch die Spannung zwischen dem Priester als Gegenüber zu Christus und als Repräsentant Christi zugunsten einer Vorstellung vom Priester als einem »zweiten Christus« aufgehoben wird, werden Kirche/Amtsträger und Christus/Gott deckungsgleich. Hier ist sicher Vorsicht geboten.

Ferner zwingt das theologische Konzept den Geist Gottes in kirchliche Vorgaben, was ein charismatisches Kirchenverständnis gerade ausschließen muss. Vor diesem Hintergrund entfaltet Congar das Autoritätsverständnis einer »dienenden und armen Kirche«, dem im Weiteren nachgegangen werden muss.

Autorität hat in der klassischen Theologie, für die hier Augustinus als Gewährsmann dienen soll, eine zweifache Zielrichtung. Menschliche Autorität (auctoritas) dient dem Wort Gottes, das alle Menschen erreichen soll. Damit dient sie allen Menschen, denen die Wahrheit Gottes zukommen soll. Damit unterscheidet sich das Christentum von anderen Philosophien und Kulten der späten Antike[100]: die Wahrheit gehört allen Menschen. Sie muss daher in einer Form vermittelt werden, die alle erreichen und von allen Anerkennung finden kann. Wenn Augustinus Glaubensgehorsam gegenüber der göttlichen Wahrheit fordert, stellt dieser Wesenszug von Autorität sicher, dass es nicht um einen unvernünftigen, blinden Gehorsam geht, sondern um die Zustimmung zu einer als vernünftig und menschenwürdig erfahrenen Wahrheit geht. Jesus verfügt hierbei über die höchstmögliche Autorität, denn er entfaltet eine Überzeugungskraft, die andere Menschen zur Nachfolge ermutigt und ihnen zeigt, dass ein Leben in Niedrigkeit und Armut reich macht. Da Jesus

99 | Richard Hartmann, Was kommt nach der Pfarrgemeinde? Chancen und Perspektiven, Würzburg 2013, 74.
100 | Vgl. zum Folgenden Ernst Dassmann, Augustinus. Heiliger und Kirchenlehrer, Stuttgart u. a. 1993, 88–94.

eine Zustimmung des Herzens erreichen wollte und die Liebe der höchste Ausdruck der Erkenntnis ist, zeigt er seine Autorität gerade in der Armut des Kreuzes. Autorität zwingt nicht, sondern überzeugt.[101] Auch kirchliche Autorität steht im Dienste des Wortes Gottes und ist notwendig, um Ihn glaubwürdig ins Gespräch zu bringen und die Vielen zur Nachfolge zu ermutigen. Ohne personale Vermittlung kann sich die Kraft des Wortes Gottes nicht entfalten. Daher stellt sich die Frage nach der kirchlichen Autorität. Augustinus geht es nun weniger um amtliche Vollmachten, die jemand besitzt und auf die er seine Autorität gründet, sondern um eben die Überzeugungskraft, die er auch im Leben des Herrn selbst beobachten kann. Die kirchliche Autorität lebt ihm zufolge besonders fort in den Lebenszeugnissen der Märtyrer, die konsequenter als jeder Amtsträger göttliche Macht in der Ohnmacht des Kreuzes darstellen. Eine größere Liebe kann niemand haben, als sein Leben für andere Menschen hinzugeben. Schließlich nennt Augustinus als einen zentralen Glaubwürdigkeitsgrund des Evangeliums neben den Märtyrern die sittliche Größe der christlichen Gläubigen. Hingabe, das Bemühen um ein Leben in der Nachfolge Jesu, Dienst und ein lebendiger Glauben sind tief im Volk Gottes verwurzelt und der eigentliche Grund kirchlicher Autorität.[102] Autorität ist auch für Congar im Wesentlichen ein Ausdruck gelungener Beziehungen, insofern die Gläubigen in Christus sind, dem Menschgewordenen und Gekreuzigten, und von ihm ihre Berufung zur Nachfolge erfahren. Dass es besondere Dienste und Ämter in der Gemeinde gibt und geben muss, versteht sich und entspricht dem biblischen Zeugnis. Ihre Autorität steht aber noch ganz im Blickfeld des Dienstes an den Menschen, und versteht sich nicht als verfügbarer Besitz, der ihnen Herrschaftsrechte über andere gibt. Nicht umsonst berichten die Evangelien von den Versuchungen der Macht auch im Jüngerkreis. Jesus selbst hat wohl nicht nur den Machtmissbrauch, sondern bereits menschlichen Machtanspruch insgesamt als dem Reich Gottes entgegenstehend eingeschätzt.[103] Der Herrschaftsverzicht als Kennzeichen der göttlichen Offenbarung ist kein Randthema, sondern gehört ins Zentrum des Glaubens.

---

101 | Vgl. ebd. 100.
102 | Vgl. ebd. 97.
103 | Vgl. Hoffmann, Jesus von Nazareth und die Kirche, 64.

Congar fasst seine Forderung an die Kirche in einer Zeit zusammen, in der die Gläubigen nicht mehr von Institutionen getragen werden: in dieser Situation gelte es, Menschen mit starker persönlicher Überzeugung zu wecken, zu bilden, zu erhalten. Autorität lasse sich nur gewinnen, wenn es der Kirche um die Wiederentdeckung von Menschen gehe, die gerade in ihrer Humanität wahrhaft Christen sind. Es gehe heute um die Wiederentdeckung einer Autorität, die ganz auf Gott und die Gemeinde bezogen ist. Glaubwürdig kann sie nur erfahren werden, wenn diese beiden Bezugspunkte im Blick bleiben. Wenn Autorität sich auf ein geistliches Leben gründen soll, sind damit nicht eine irgendwie geartete geistliche Sonderwelt oder bestimmte Übungen und Pflichten gemeint,

sondern die Verwurzelung des Amtsträgers im Wort Gottes und in der Gemeinde. Ein geistlicher Mensch zu sein heißt dann Praxis der Liebe aus dem Glauben, Hingabe, Dienst, Leben in lebendigen Beziehungen. Nur so verschafft ein Mensch, der verkündigen soll, dem Wort Gottes Glaubwürdigkeit und Autorität. Noch einmal gesagt: Autorität ist gelebte Beziehung, Diakonie ist verwirklichte Autorität. Autorität ohne Diakonie und Beziehung kann sich nicht auf Gottes Wort berufen und verhindert den Zugang der Menschen zu ihm. Autorität eines Amtsträgers ohne Anerkennung durch das Volk Gottes kann es demnach nicht geben und zahlreiche Erfahrungen der Kirche in Geschichte und Gegenwart bestätigen diese theologische Einsicht. Wie schnell Autorität verloren geht, wenn ein kirchlicher Würdenträger – zu Recht oder nicht, sei dahingestellt – als autoritär empfunden wird, kann man sich gut vorstellen.[104] Ein nur äußerlicher Gehorsam ist der Tod der Autorität. Autorität sind die »im Herrn gelebten Beziehungen«, formuliert Congar (63). Kirche nimmt so die Vollendung vorweg, indem Christus alles in allem ist (60). Nur so bilden Amt und Charisma eine Einheit, und werden nicht als Gegensatz erfahren, und das Amt beschneidet nicht die Freiheit des Geistes, der Gaben zuteilt, wem er will. Wie es praktisch gelingen kann, Autorität nicht gegenüber, sondern in der Gemeinde zu verankern, ist eine offene Frage. Ob dies die Kirche überhaupt will, wird sich erweisen müssen. Es wird ein Paradox sichtbar: Entweltlichung der Kirche kann bedeuten, dass sie sich mehr in die Welt hineingeben muss. Indem sie auf

---

104 | Vgl. Matthias Dobrinski, Glaube und Glaubwürdigkeit, in: Süddeutsche Zeitung, Nr. 213, 14./15.9.2013, 5.

manchen Anspruch weltlicher Herrschaft verzichtet, sich mehr als wirkliche Gemeinschaft in Christus versteht, um Glaubwürdigkeit in der Niedrigkeit bemüht ist, Wegbegleiter der Menschen wird, legt sie manche Kennzeichen der Welt ab und rückt doch den Menschen dieser Welt näher. Es wird zunehmend notwendig, nicht innerkirchliche Herrschaftsstrukturen zu diskutieren, sondern sich gemeinsam auf die sogenannte Welt einzulassen, im Zeugnis des Lebens und der Diakonie, um die es auch Congar geht. Vielleicht ist es ein erster Schritt, anzuerkennen und zu bejahen, dass die Kirche Teil der Welt ist und inmitten der Welt lebt.

4. »Vorbild im Glauben und Lieben« – nötiger denn je?

Jemand kann sich nicht selbst zum Vorbild erklären, aber ein Mensch kann so leben, dass andere es für sinnvoll erachten, sich ihn zum Vorbild zu nehmen. Wenn Congar den Bischof als den obersten Charismatiker vorstellt, der sein Charisma als Teil eines Organismus aus anderen Charismen versteht (32), zeigt er die pneumatologische tiefe Verbundenheit aller Christen in dem einen Leib, der die Kirche ist. Alle leben und handeln bewegt durch die Wirkkraft des einen Geistes, der sich jedoch in der Unterschiedlichkeit der Geistesgaben zeigt. Einheit kann es nur in der Verschiedenheit der Gaben geben. Es ist wichtig, diese tiefe Gemeinschaft aller Getauften zu betonen, um sinnvoll darüber sprechen zu können, was heute noch der Sinn eines Vorbilds sein kann, das Congar in den Blick nimmt: der Bischof müsse Vorbild im Glauben und Lieben sein (40), so wie es Theologen der frühen Kirche beschrieben hätten. Tatsächlich ist heute verstärkt davon die Rede, dass etwa Jugendliche Vorbilder bräuchten. Auch in der Kirche muss es sicher Vorbilder geben, die einladen, selbst glaubwürdig sein christliches Leben zu gestalten.

Es lohnt sich, genau zu beschreiben, welche Eigenschaften jemanden zum Vorbild machen können, denn in der Literatur kommt aus guten Gründen auch Kritik am Vorbild-Lernen auf, die es ernst zu nehmen gilt.[105] Auch im kirchlichen Bereich gibt es eine Art des Umgangs mit Vorbildern, die einen schalen Beigeschmack hinterlässt. Wenn etwa Heilige zur Nachahmung empfohlen werden, dienen sie manchmal als nicht zu kritisierende Exempla, deren Zeitbedingtheit nicht mehr berücksichtigt wird. Heilige Vorbilder können im Sinne historischer Monumente dazu verwendet werden, die Sonnenseiten der kirchlichen Geschichte hervorzuheben und auch sie dadurch insgesamt unangreifbar zu machen. Nicht selten dienen Vorbilder zur Unterstützung ideologischer Ziele: der bedingungslos gehorsame Jesusknabe, der keusche Heilige, die demütige Schwester im Kloster, der Heilige, der sich bis zur Selbsthingabe

---

105 | Vgl. zum Folgenden: Anton A. Bucher, Art. Vorbild, in: Norbert Mette/ Folkert Richers (Hg.), Lexikon der Religionspädagogik, Bd. 2, Neukirchen-Vluyn 2001, 2184–2187.

verzehrt und dabei sich an die Anderen selbst verliert, der Arme, der sich mit dem Wenigen begnügt. Wenn etwa eine lebende Person ihre Machtposition, die beispielsweise ein kirchlicher Amtsträger über andere hat, ausnützt, um sich selbst oder eine andere Idee als Lebensmodell für andere Menschen herauszugeben, ist zumindest Vorsicht geboten.

Aus diesem Grunde ist gut zu unterscheiden zwischen Leitbildern (oft abstrakt), Idolen (welche den eigenen Verstand oft ausschalten lassen), Beispielen (oft nur emotional ansprechend) und Modellen (die 1:1 auf das eigene Leben übertragen werden sollen). Keines von diesen Beispielen entspricht dem, was ein Vorbild möchte. Eine Person wird in der Regel zum Vorbild, ohne es zu planen oder selbst darum zu wissen. Mit dieser Definition ist schon dem Missbrauch entgegen gewirkt. In diesem Zusammenhang führt es weiter, die Möglichkeit, zum Vorbild zu werden, in einer Beziehung zwischen Personen zu verankern: Vorbild ist ebenso wie Autorität ein Beziehungsbegriff. Anton Bucher definiert ein Vorbild folgendermaßen:

Vorbilder sind Menschen, »die andere dermaßen beeindrucken, dass sich diese auf der Suche nach Wegen eigener Lebensführung mit ihnen identifizieren u. sich bemühen, ihnen zumindest partiell gleich zu werden.«[106]

In diesem Verständnis von Vorbild-Sein kommen verschiedene Aspekte zum Tragen, die auch für das Verhältnis des kirchlichen Dienstes in der Gemeinde wichtig werden können. Nicht der Amtsträger erklärt sich zum Vorbild, sondern er kann aufgrund einer guten Beziehung zu Menschen jemand werden, dessen Lebenshaltungen oder Glaubwürdigkeit andere einlädt, selbst ihr Christsein engagierter und glaubwürdiger leben zu wollen. Wenn jeder frei ist, sich seine Vorbilder selbst zu wählen, werden sie ihm helfen, seinen eigenen Weg zu finden, und nicht einfach das Vorbild zu kopieren. Nur in einer positiven Beziehung wird sich jemand eingeladen fühlen, einen anderen Menschen als Vorbild für sein Leben anzunehmen. Anders als Idole, Modelle oder Monumente zeichnen sich Vorbilder dadurch aus, dass sie die Eigenständigkeit, Individualität und schließlich auch die Solidarität fördern, indem sie das Gespür

106 | Ebd. 2185.

dafür wecken, dass kein Weg Absolutheitsanspruch beanspruchen darf, wenn er der menschlichen Vielfalt gerecht werden will. Wenn Congar vom Bischof fordert, Vorbild im Glauben und im Lieben zu sein, geht dies der beschriebenen Definition zufolge nur, wenn es eine positive Beziehung zwischen ihm und seinen Gläubigen gibt, wenn es ihm um die Mündigkeit seiner Mitchristen geht, wenn er Freiheit und Individualität fördern will. Dann kann es sein, dass andere Christen spüren, dass er jemand ist, der ihren eigenen Weg der Nachfolge motiviert. Zieht sich jedoch ein Priester oder Bischof zu sehr in seine Sonderwelt zurück, lassen sich fruchtbringende Beziehungen kaum leben. Vielleicht wird es dann auch Menschen geben, die seinen Weg positiv bewerten. Ob es aber eine erwachsene Beziehung zweier geistbegabter Christen sein wird, kann angefragt werden. Schaut man sich heilige Hirten der Vergangenheit an, haben zumeist diejenigen über lange Zeit Verehrung erfahren, die nahe bei den Menschen waren und die auch heute noch eine positive Beziehung zulassen. Nie war der Amtsbesitz an sich Auslöser für längere Verehrung, sondern seine positive und beziehungsreiche Ausgestaltung. Aktuell kann jeder, der in der Kirche Verantwortung trägt, nur bescheiden seinen Weg des Glaubens in der Gemeinschaft der Kirche gehen, indem er versucht, den Glauben in der Liebe wirksam werden zu lassen, bzw. die Wahrheit des Glaubens im Tun zu erweisen. Ob Menschen ihn sich zum Vorbild nehmen, wird er ihrer Freiheit und auch ihrem kritischen Gespür überlassen müssen. Ohne Beziehung aber geht es nicht. Sobald jemand beginnt, den anderen zu funktionalisieren oder auf den von ihm gedachten Weg zu drängen, hört er auf, Vorbild zu sein. So kann jeder Christ für den anderen zum Vorbild werden, indem er konsequent seinen Glauben diakonisch, d. h. im Sein für andere, lebt. Die Aufgabe des Amtes besteht laut Yves Congar in der Stiftung einer Gemeinschafts-Diakonie (66), es ermutigt und lässt zu, dass es diese Individualität und Solidarität als Ausdruck persönlicher Geistbegabung geben kann.

5. Pastoral ist keine Methode

Das frühchristliche Ideal eines Bischofs stellt einen wichtigen Punkt für ein Nachdenken über das Selbstverständnis einer Pastoral dar, die sich diakonisch versteht. Sicher kann man verschiedene Gründe und Ziele formulieren, die das kirchliche Handeln bestimmen. Sie möchte einen Auftrag erfüllen, das Evangelium verkünden, in ihren gottesdienstlichen Feiern die Erfahrung der göttlichen Welt ermöglichen, sie möchte diakonisch wirken und Gemeinschaftserfahrung ermöglichen, so fassen es die Wesensvollzüge zusammen. Dabei kann es dazu kommen, dass es der Kirche und ihren Gemeinden mehr um den Selbsterhalt geht als um die Menschen, zu denen sie gesandt sind. Manche Überlegungen der letzten Jahrzehnte über die Zukunft der Gemeinden sucht mehr nach dem Institutionenerhalt als nach der Erfüllung eines Auftrags Jesu; diesen Eindruck kann man gewinnen. Heute erreicht Gott Menschen vielleicht mehr als in früheren Zeiten nur bedingt über Institutionen, auch wenn die Kirche ihrem Selbstverständnis zufolge etwas anderes ist, aber sie wird als Institution erfahren.

Der Mensch bleibt ein unauslöschlich religiöses Wesen, das sich nach Absolutheit und existenzieller Annahme sehnt[107], das die Frage nach dem Sinn und nach dem Ziel stellt und dies auch in einer wertschätzenden Gemeinschaft erreichen möchte[108]. Die Kirche und auch das Christentum haben längst den Alleinvertretungsanspruch verloren, auch weil sie im Urteil vieler Menschen unter dem Verdacht stehen, die Menschen zu instrumentalisieren und nur im Hinblick auf ihre Statistiken anzunehmen. Wer zu ihr kommt und im Rahmen der Sakramente mit der Kirche in Berührung tritt, wird oft mit einem gewissen Grundmisstrauen betrachtet. Religiöse Sehnsüchte scheinen nicht ernst genommen zu werden, Menschen werden in Konzepte gepresst, die nicht ihrem Suchen entsprechen.[109] Dies pauschal zu behaupten, wird dem kirchlichen

---

107 | Vgl. Udo Fr. Schmälzle, Das neue religiöse Bewußtsein als pastorale Herausforderung, in: Hermann Kochanek, Religion und Glaube in der Postmoderne (Veröffentlichungen des Missionspriesterseminars St. Augustin 46), Nettetal 1996, 95–128.
108 | Vgl. ebd. 102f.
109 | Vgl. ebd. 104–106.

Alltag nicht gerecht, die Versuchung jedoch ist festzustellen. Kein Seelsorger ist davor gefeit, den Gesprächspartner oder Mitchristen letztlich als Mittel zum Zwecke der Selbstbestätigung zu gebrauchen. Vielleicht ist es hier an der Zeit, eine bestimmte, durch das Thema vorgegebene Blickverengung der Gedanken Congars zu erwähnen. In weiten Teilen hat er ein zunächst binnenkirchliches Interesse. Zunächst ist die innerkirchliche Situation im Blick, bevor er über die Sendung der Kirche in die Welt nachdenkt. Sicher ist er sich des Zusammenhangs von Selbstevangelisierung und Evangelisierung der Welt bewusst, aber der Hauptfokus liegt auf dem innerkirchlichen Selbstverständnis. Die heutige Pluralisierung, die auch gemeinde- und kirchenauflösende Kraft entfalten kann, war ihm nicht mit der Gewalt bewusst wie uns heute. Vielleicht ist seine Sicht der geisterfüllten Christen angesichts der Realität heute zu positiv. Ein prophetisches Wort zur Unterscheidung der Geister auch in der Kirche wird aktuell oft um der Menschen und ihres Heiles willen notwendig sein. Aber eben nicht um des Selbsterhalts der Kirche willen oder um die Relevanz der Kirche in der Gesellschaft zu erweisen.

Vor diesem Hintergrund wird Kirche oft relativiert. Kirche ist »universales Sakrament des Heiles«, sie ist »Zeichen und Werkzeug für die innigste Vereinigung mit Gott wie für die Einheit der ganzen Menschheit« (LG 1).[110] Walter Kasper beschreibt, wie sich damit die Kirche von missverständlichen und irreführenden Kirchen- und Sakramentenverständnissen abgesetzt hat. Die Bedeutung der Kirche wird in Bezug zu Christus im wahrsten Sinne des Wortes relativiert, die Kirche ist nur von Bedeutung, indem sie Christus darstellt. Die Kirche als Wurzelsakrament ist »gleichsam die eine Hand, mit der Gott durch sieben Sakramente nach uns greift und uns an sich zieht«[111]. Sie gehört zur wesenhaft sakramentalen Grundstruktur der Erlösung dazu, was an Christus sichtbar war, »ist eingegangen in die Sakramente«, wie es Papst Leo d. Gr. in einem berühmt gewordenen Wort formuliert. Nimmt man dies wirklich ernst, dann kann der Begriff des »Werkzeugs« aus LG 1 in keiner Weise als abstraktes Hilfsmittel verstanden werden, so wie man einen Hammer braucht, um etwas Handwerkliches zu vollziehen. Die äußeren Strukturen der Kirche, ihre Heilsmittel, ihre durch gelebten Glauben geronnene

---

110 | Vgl. zum Folgenden Walter Kasper, Katholische Kirche. Wesen, Wirklichkeit, Sendung, Freiburg – Basel – Wien 2011, 126–129.
111 | Ebd. 127.

Lehre und ihre Lebensweise sind Ikone des dreifaltigen Gottes, der so greifbar wie sonst nirgends in der irdischen Kirche berührbar und erfahrbar wird. In diesem Sinn sprechen Theologen von der Kirche als Realsymbol,»welches das, was es bezeichnet, auch enthält und mitteilt.«[112] Kirche wird also zum einen relativiert, zum anderen wird aber auch ihr tiefstes Geheimnis, welches Gott durch Christus im Heiligen Geist erfahrbar werden lässt, reflektiert. So versteht sich Kirche selbst. Die Selbstrelativierung der Kirche wird aus verständlichen theologischen und historischen Gründen heute gerne aufgegriffen. Als ein Beispiel für eine praktische Konsequenz daraus soll hier die kirchliche Jugendarbeit herangezogen werden, die sich sowohl aufgrund theologischer Neuorientierung, als auch aufgrund sich verändernder Milieus neu gestalten muss[113]. Zu Recht haben die Kirche und die Theologie von der Idee Abschied genommen, dass Jugendliche aus kirchlichem Eigennutz zu rekrutieren seien. Vielmehr schaut man in den Milieustudien genau hin, und erkennt, dass die Kirche mit ihren klassischen Gruppen- oder Gottesdienstangeboten nur noch wenige Jugendliche aus ausgewählten Milieus erreicht, andere gar nicht mehr. Es ist realistisch und entspricht dem in der Würzburger Synode grundgelegten diakonischen Anspruch von Jugendpastoral, wenn Jugendliche zunehmend selbst formulieren und gestalten, was sie brauchen, wenn es nicht darum geht, einfach von oben Theologie und theologische Prinzipien umzusetzen, sondern wenn man an Jesus Maß nimmt und sein Verhalten (also das Evangelium!) zum wichtigsten Maßstab kirchlichen Handelns am Menschen macht.[114] Dennoch seien auch offene Fragen und Probleme nicht verschwiegen, die mit dem oft sehr unkonkreten Hinweis auf»das Evangelium« ja nicht gelöst, sondern oft erst eingeleitet werden. Wer legt denn im Konfliktfall fest, was evangeliumsgemäß ist? Es bleibt nicht verborgen, dass mit dem sakramentalen Grundverständnis der Kirche bei aller Relativierung gleichzeitig auch der Anspruch verbunden ist, gelebtes Evangelium zu sein. Und verbunden ist damit der Anspruch, dass es des gelebten und gelehr-

112 | Ebd. 127.
113 | Dazu Christian Gentges,»Lass mich dich lernen ...«. Zur Bedeutung von Milieuforschung für die kirchliche Jugend(verbands)arbeit, in: Matthias Sellmann/ Caroline Wolanski (Hg.), Milieusensible Pastoral. Praxiserfahrungen aus kirchlichen Organisationen, Würzburg 2013, 54–80.
114 | Etwa der Beschluss der Würzburger Synode»Ziele und Aufgaben kirchlicher Jugendpastoral« 3.3., in: Gemeinsame Synode der Bistümer in der Bundesrepublik Deutschland. Beschlüsse der Vollversammlung. Offizielle Gesamtausgabe I, Freiburg – Basel – Wien 1976, 277–311, hier 297f.

ten Glaubens, also der Tradition bedarf, um auch für heute Kriterien für eine gleichzeitig evangeliums- und zeitgemäße kirchliche Praxis zu finden. Die katholische Kirche vertritt eben kein »Sola-Scriptura«-Prinzip.

Wenn also etwa im Hinblick auf eine milieusensible Jugendpastoral angeregt wird, dass es nicht um die Kirche, sondern um den Menschen und seine Begegnung mit Jesus gehen muss, ist dies zunächst einleuchtend.

Kann man sich dann in einem zweiten Schritt aber so unkritisch in die Milieus und ästhetischen Lebenswelten hineinbegeben, dass Events an Stelle der Liturgie treten, Online-Angebote an die Stelle von zwischenmenschlichen Gemeinschaftserfahrungen, ohne die Kirche schließlich nicht gedacht werden kann? Wie sehr muss Kirche Lebenswelten bestätigen oder wann ist es geboten, auch widerständig und prophetisch zu sein, um eine legitime Subjektwerdung nicht mit einer Selbstvergötzung des Menschen als letztem Maßstab zu verwechseln? Jugendliche zur Subjektwerdung zu befähigen, kann vom christlichen Menschenbild her nicht das isolierte selbstbestimmte Subjekt meinen, das aus sich selbst heraus zu verstehen ist und sich selbst entwirft. Subjekt ist der Mensch im Hinblick auf seine Einbindung in eine Gemeinschaft, und hier hat die Kirche ihren Ort.[115] So sehr sich auch das Ehrenamt von Jugendlichen durch seine begrenzte Dauer und seinen Projektcharakter auszeichnen, so kann doch auch die Frage gestellt werden, ob Kirche nicht auch Verbindlichkeit fordern muss. Spätestens im sakramentenkatechetischen Bereich erfahren viele Seelsorgerinnen und Seelsorger, dass es nicht mit guten Worten und einem positiven Menschenbild allein getan ist. Das soll keine Besserwisserei sein, sondern eine ernst gemeinte Frage, die eher Ratlosigkeit zeigt. Zu fürchten ist jedenfalls, dass mit dem Hinweis auf das Evangelium allein jede Partei in einer solchen Krise oder Phase der Neuorientierung sich allein bestätigt fühlen kann. Mit der Bibel kann man bekanntlich alles begründen.

Dennoch ist im Folgenden ein Blick in das Evangelium notwendig, weil man gerade am Handeln Jesu sehen kann, dass es ihm nicht um Institutionen geht, und er nicht zur Selbstbestätigung handelt, sondern den einzelnen Menschen in seiner Suche nach Heil ernst- und annimmt, ohne alles heilig zu sprechen, was im Menschen ist. Von Jesus kann die Kirche, die analog zu ihm Sakrament ist, alles Notwendige für das eigene Han-

115 | Vgl. Kasper, Katholische Kirche, 124.

deln lernen[116], ohne dass dies in eindeutige Konzepte und unveränderliche Positionen und Methoden gegossen werden dürfte. Personale Begegnung ist genau das Gegenteil einstudierter Methoden.

Jesu Botschaft von der Gottesherrschaft sprengt jeden binnenkirchlichen Blickwinkel und jedes allein auf die Kirche reduziertes Erlösungsverständnis. Im Vollzug der Gottesherrschaft kann man nicht mehr legitim unterscheiden zwischen Welt- und Heilsdienst, denn das Heil Gottes verwirklicht sich vollständig in den Abläufen dieser Welt und schaut den Menschen nicht nur im Hinblick auf seine »Heilsbedürfnisse« an. Die Herrschaft des Bösen wird gebrochen, Jesus sieht den Satan wie einen Blitz vom Himmel fallen (Lk 10,18). Das Böse erfährt Jesus aber nicht nur im enggefassten Bereich der Sünde, sondern in allen Formen von Armut, Ausgrenzung, Marginalisierug von Menschen. Jesus wendet sich den Menschen im Dunkeln zu, den Deklassierten und Benachteiligten, seien es Zöllner, Dirnen, Kranke oder Unreine.[117] Jesus erfährt das Wachsen des Reiches Gottes nicht in einer heilen Gemeindewelt, sondern beschreibt es als universales Geschehen. Gott beginnt zu herrschen »alles in allem«. Kirche dient als Werkzeug und Mittel, Gottes Herrschaft wie ein Licht oder wie der Sauerteig in die Welt hinein auszubreiten. Kirche will die Welt verändern, indem sie dem Reich Gottes zum Wachstum verhilft. Das kann aber nur gelingen, wenn es ihr nicht um das Eigeninteresse oder die kleine eigene Gemeindewelt geht.

Für den kirchlichen Amtsträger stellt dieses Pastoralverständnis wichtige Anfragen an seine Praxis. Er kann helfen, Not zu wenden, wenn er wirkliches Interesse für die Menschen mitbringt, wenn er selbstlos in jederlei Hinsicht handelt, ohne Hintergedanken oder Profilierungssucht für sich selbst oder seine Kirche. Das ist mit der These gemeint, Pastoral sei keine Methode, um etwas zu erreichen. Auch das Hineingehen in fremde Milieus oder Lebenswelten geschieht nicht aus Eigennutz, der schon darin bestehen kann, dort seine Nützlichkeit erweisen zu wollen. Wenn jemand Menschen mit der Kirche und dem Evangelium in Berührung bringen möchte, dann, um ihnen in ihrer individuellen Not zu helfen, und ihnen die Erfahrung der Zuwendung Jesu zu ermöglichen, die Menschen nach dem Selbstverständnis der Kirche nirgends so sakramen-

---

116 | Vgl. zum Folgenden Hoffmann, Jesus von Nazareth und die Kirche, 18.
117 | Ebd. 20.

tal konkret erfahren können wie in der Gemeinschaft der Glaubenden. Dazu kann auch der Ruf zur Umkehr gehören, der dann Chancen hat, gehört zu werden, wenn er von Menschen vermittelt wird, die über Autorität im oben beschriebenen Sinne verfügen, indem sie fähig sind, in Beziehungen zu leben und zu verkünden, was sie selbst in Gemeinschaft mit anderen Menschen leben. Je weniger selbstbezüglich die Kirche lebt und handelt, desto mehr kann sie Sakrament und Werkzeug sein, dem Reich Gottes wachsen zu helfen. Die Beschäftigung mit den unterschiedlichen Milieus kann nicht nur zum Ziel haben,»Methoden« der Pastoral zu entwickeln, ansonsten aber draußen zu bleiben. Wenn Pastoral Beziehungsgeschehen und keine Methode ist, muss es zu Begegnungen und

Beziehungen zwischen Menschen aus unterschiedlichen Milieus kommen. Wie realistisch das ist, sei dahingestellt.

6. Ertrag für ein diakonisches Amtsverständnis

Besser wäre das jetzt abzuschließende Kapitel vielleicht überschrieben worden mit dem Hinweis auf eine diakonische Amts-Praxis. Nachdem im 1. Kapitel allgemeine Grundlagen für eine diakonische Kirchenpraxis im Blick waren, stellt dieses 2. Kapitel eine Konkretion im Hinblick auf das kirchliche Amt und seine konkrete Ausgestaltung dar. Einige mögliche Wiederholungen sind dieser Tatsache geschuldet.

Aus theologischen und christologischen Motiven heraus sind die kirchlichen Amtsträger zur Selbstbescheidung angehalten. Eine christologisch stimmige Ämterpraxis wird lernen, die Inkarnation ernst zu nehmen. Christus geht ganz in die Geschichte der Menschen ein und lebt unerkannt mitten unter ihnen. Inkarnation meint nicht, dass er ihnen gegenüber stehen bleibt. Dass Christus im Sinne der frühen Konzilien ebenso Gott ist und bleibt, darf nicht dazu verleiten, den Amtsträger ohne Berücksichtigung der Analogie entsprechend zu erhöhen. Es geht Congar nicht um eine banale Gleichmacherei aller Getauften. Ganz im Gegenteil soll gerade eine pluralitätsfähige Kirche angestrebt sein, in der das Amt einen unverwechselbaren Platz hat. Aber es muss eine theologische Grundlage dafür geben, dass ein Bischof oder Priester die ihm anvertrauen Menschen kennt, Interesse an ihrem Leben hat, ihre Sehnsüchte und Nöte wahrnimmt, so dass es erst gar nicht zu einem Auseinanderklaffen zwischen den verschiedenen Lebenswelten kommen muss. Die gesamte Autorität beruht auf einer solchen lebendigen und fruchtbaren Beziehung zu anderen Menschen. Kirchlicher Dienst ist für die Ermöglichung der Charismen da. Es geht dabei nicht um einen institutionellen Selbsterhalt, sondern um eine aus christlichem Geist geleitete Förderung von Humanität in Kirche und Welt. Dieser Gesichtspunkt ist eine wichtige Therapie gegen die Versuchung, allein die engagierten und glaubensstarken Christen als interessanten Teil des Gottesvolkes wahrzunehmen, sondern wirklich an die Ränder zu gehen, die oft nicht mehr im Blick sind. Das Gottesvolk ist äußerst vielfältig und lebt nicht nur in den regelmäßigen sonntäglichen Gottesdienstbesuchern, so sehr diese auch zu fördern sind. Schon Papst Paul VI. bestärkt in *Evangelii Nuntiandi* im

Jahr 1975 die Kirche, im Prozess der Selbstevangelisierung der Kirche und Evangelisierung der Welt alle Gruppen und Personen im Blick zu behalten. Auch heute liest sich eindrucksvoll, wie der Papst seinerzeit Kirche als einen Teil dieser Welt ernst nimmt. An ihn anknüpfend müsste man auch den Zusammenhang zwischen der Selbstevangelisierung des Amtsträgers und seinem Verkündigungsauftrag vertiefen. Es wäre eine Chance, kirchliches Amtsideal einerseits zu erden und damit realitätsnahe zu sein, andererseits dem Anspruch des Evangeliums in der konkreten Ämterpraxis zu entsprechen. Konkrete Fragen, welche oft in Kirche und Öffentlichkeit diskutiert werden, fänden dann überzeugende und stimmige Antworten, ohne dass man allgemeingültige Regeln aufstellen müsste: wie ein Priester/Seelsorger zu leben hat, welches Auto er fahren darf, wie groß seine Wohnung sein darf, und manches weitere Thema. Wer die Welt kennt und von den Menschen her seine Theologie und seine Identität als kirchlicher Amtsträger entwickelt, müsste ein Fingerspitzengefühl dafür entwickeln, welche Lebensweise ihm angemessen ist oder wodurch er Menschen abstößt. Lern- und Kritikfähigkeit sind geradezu lebensnotwendige Grundhaltungen jedes Christen, und damit auch des Inhabers eines kirchlichen Dienstes.

III. Diakonisches Menschenbild

1. Das Geheimnis der Armen

Congar widmet dem »Geheimnis der Armen« ein eigenes Kapitel. Dabei steckt in dem Begriff »Geheimnis« ein christologisches Programm, das näher anzuschauen sich lohnt. Offenbarung und göttliche Gegenwart in unserer Welt wird in paulinischen Texten wiederholt als Enthüllung eines »Mysteriums« beschrieben.[118] Wenn etwas enthüllt werden muss, klingt die Auffassung mit, dass sich das besagte Geheimnis nicht von alleine erschließt. Zur biblischen Zeit gab es Gruppen, die eine Einführung in das göttliche Geheimnis als Kennzeichen ihrer eigenen religiösen Elite verstanden. Nur wenigen war das Geheimnis enthüllt worden, und folgerichtig war die Initiation ins Geheimnis mit »mysteriösen« Riten und einer eigentümlichen Sprache verknüpft. Religiöse Praxis diente dem Ausstieg aus einer als heillos und materiell-schmutzig erfahrenen Wirklichkeit in eine Welt des Geistes. Der Markt solcher religiöser Angebote war vielfältig, philosophisch angehauchte und gnostisierende Gruppen verschiedener Couleur bedienten solche Entweltlichungssehnsüchte. Es verwundert nicht, dass diese Gruppen oder Gemeinden keine ethische Kraft entfalteten und auch gar nicht entfalten wollten.

Paulus selbst greift eine derartige Mysteriensprache auf, wendet sie jedoch mit Hilfe christologischer Motive ins Gegenteil. Der gekreuzigte Christus enthüllt das Geheimnis der Weisheit Gottes, das bisher verborgen war (Vgl. 1 Kor 2,6f.). Paulus und das (deutero-)paulinische Schrifttum tauschen nicht einfach eine mysteriöse Glaubenspraxis gegen eine andere, sondern bedenken das Geheimnis gerade im Hinblick auf seine ekklesiologischen und ethischen Konsequenzen. Paulus fordert keinen Ausstieg aus diesem Äon, sondern sieht das Heil in Christus in dieser Welt am Werk. Konkret wird es dort, wo die Heiden aus Gnade an der Erlösung Anteil erhalten. Die Verkündigung, die alle erreichen möchte, ist Bestandteil der Enthüllung des Geheimnisses Gottes im Gekreuzigten. In der gelebten Gemeindewirklichkeit soll das nun irdisch konkret werden. Zunächst in einer Form der Verkündigung, die Gemeinschaft aufbaut und nicht nur dem Interesse des Einzelnen dient (1 Kor 3). Was das für den Gemeindealltag bedeutet, beschreibt Paulus sehr eindringlich.

---

118 | Vgl. z. B. 1 Kor 2,7; Eph 1,9.

In der Gemeinde gibt es nicht viele Weise (und muss es nicht geben). Nicht die Vornehmen und die Mächtigen bestimmen den Gemeindealltag, sondern die vor der Welt Törichten und Armen. Maßstab für eine Gemeinde, die durch Tat und Wort den Gekreuzigten verkündet, sind die von der Welt Verachteten und Niedrigen. Jeder Christ, und nicht nur eine auserwählte Elite, besitzt den Heiligen Geist, der ihm die nötige Gotteserkenntnis vermittelt (2,12–16). Gerade die Verkündigung des gekreuzigten Christus bildet die Grundlage für die gleiche Würde aller Getauften. Alle weiteren Themen des 1. Korintherbriefs gründen auf dieser Grundvoraussetzung, die Paulus kreuzestheologisch darlegt. Einige von praktisch-theologischer Relevanz seien kurz genannt: die christliche Freiheit als gelebte Erlösung des ganzen Menschen (6,12–20), die Rücksichtnahme auf die Schwachen der Gemeinde, die das »Tempo« angeben (8,7–13), die Feier des Herrenmahles, die absurd wird, wenn man in Spaltung lebt und wenn das Agapemahl zur Demütigung der Armen verkommt (11,17–22), schließlich die Sicht auf die Gemeinde als Leib aus vielen Gliedern, in dem einer den anderen braucht und keiner verachtet werden darf (12,12–31). Gipfel eines aus der Hingabe Jesu am Kreuz abgeleiteten Gemeindeverständnisses ist aber wohl die konkrete Liebe zueinander als Maßstab zur Bewertung aller anderen Charismen und christlichen »Grundvollzüge« (13,1–13). Paulus setzt der alexandrinischen Entweltlichung die Weltzuwendung und die Notwendigkeit einer christlichen Tatverkündigung entgegen.

Die Armen und Niedrigen sind damit für Paulus ein unverzichtbarer »locus theologicus«, um dem Geheimnis Gottes in dieser Welt begegnen zu können. Diese Sicht auf die Welt ist auf dem Glauben an einen gekreuzigten Erlöser begründet und deren folgerichtige Auslegung. Die Armen als Ort der Gottesbegegnung erschließen sich ebenfalls nicht automatisch, sondern erst aus dem Glauben an den Gekreuzigten und die Lebensgemeinschaft mit ihm. Damit steht Paulus einigen Texten der Evangelien sehr nahe, die aus verständlichen Gründen für eine Fundierung christlichen Handelns in dieser Welt dienen. In Mt 25, dem großen Endgerichtsgleichnis, knüpft der richtende König das ewige Heil der Menschen an die Zuwendung zu den Armen und Bedrängten, mit denen er sich identifiziert. Und auch Lk 16, die Erzählung vom armen Lazarus und dem Reichen, bindet das ewige Heil an das Tun des Guten an dem Armen vor der Türe. Als der Reiche aus dem Totenreich heraus bittet, seine Brüder zu warnen, wird sein Anliegen mit dem Hinweis auf Mose und die Propheten als überflüssig verworfen: diese hätten alles für das Heil Notwendige überliefert. Im Kontext der Geschichte geht es einzig und allein um die Aufmerksamkeit gegenüber dem Notleidenden, die den Kern der Botschaft von Tora und Prophetie ausmacht. Dabei ist es nicht entscheidend, dass die Täter des Guten um die Nähe Gottes (oder Jesu) in den Armen wissen. Zur Gotteserfahrung wird die Begegnung mit ihnen im Glauben. Die Verpflichtung, ihnen zu helfen, kommt jedoch nicht aus dem Glauben allein. Erfahrung als gedeutete Wirklichkeit bedarf allerdings des Glaubens an den gekreuzigten Erlöser. Zur Erfahrung des Geheimnisses Gottes bedarf es dieses glaubenden Blickes.

Als sich das frühe Christentum immer tiefer in die griechische Kultur inkulturierte, kam es zu einer problematischen und folgenreichen Bedeutungsveränderung dieser paulinischen Kreuzestheologie.[119] Aus dem Symbol des Mitleidens und der Nähe Gottes in den Armen und Leidenden entwickeln sich zunehmend andere kreuzestheologische Schwerpunkte: das Kreuz als Symbol kosmischer Erlösung, ein Zeichen für die Herrlichkeit und den Sieg, ein Verweis auf die Auferstehung und Erhöhung. Zum einen war es gut, dass Theologen damit den Glauben an einen gekreuzigten Erlöser für die Menschen zugänglich machen konnten, zum anderen wurde dem Kreuz mehr und mehr der Stachel gezogen. In der Rezeption philosophischer Denkweisen konnte allein das Gute und Schöne zum Ort der Erfahrung Gottes werden, während das Leiden als Zustand des »Nichtseins« beschrieben werden sollte. Das Sein müsse Anteil am Schönen haben, das Schlechte, das Unschöne zeichne sich durch einen Mangel am Sein aus. Damit rückte die kirchliche Wirklichkeit und die christliche Praxis immer mehr von der leidvollen Realität der Menschen ab. Gottes Wirklichkeit, die sich etwa in der Liturgie oder in der sich entwickelnden christlichen Kunst manifestierte, konnte oft nur noch als Gegenwelt erfahren und gefeiert werden.[120] Vielleicht sehen wir hier (neben der Veränderung des Wahrheitsbegriffs von der Tatwahrheit zur reinen Lehre) einen weiteren entscheidenden theologischen Grund für die »Diakonie-

119 | Vgl. dazu auch Kohlgraf, Abglanz des Himmels, 69–84.
120 | Vgl. Günther Lange, Bilder zum Glauben. Christliche Kunst sehen und verstehen, München 2002, 72f.

vergessenheit« in der christlichen Theologie[121], die Liturgie und Verkündigung über eine diakonische Theologie setzte. Sie wäre demnach das eigentliche Drama der christlichen Theologie insgesamt geworden. Indem Congar sein Nachdenken über die Armen paulinisch-kreuzestheologisch begründet, legt er eine zaghafte Spur, den Bruch zwischen Evangelium und Kultur überwinden zu helfen. So ist dieser Ausdruck vom »Geheimnis der Armen« alles andere als nur fromm und harmlos.

Im Begriff des »Geheimnisses« steckt ein weiterer wichtiger Aspekt. Das Geheimnis eines Menschen anzuerkennen heißt, ihm eine Würde zuzusprechen, in die niemand eindringen und damit verletzen darf. Ein Geheimnis ist etwas Heiliges, das dem anderen Menschen zu lassen ist: im Glauben wird der Arme mir heilig, unantastbar. Dies ist nun tatsächlich ein Umstand, der auch von dem akzeptiert werden kann, der nicht an Gott glaubt. Aber der Glaubende weiß, was das Heiligtum des anderen ausfüllt: die Gegenwart göttlicher Liebe und Wertschätzung des anderen Menschen. Zutreffend nennt Congar die Armen das »Sakrament der Gottbegegnung« (109). Für die christliche Lebenspraxis heißt dies, dass der Weg zu Gott nur über die Liebe geht, die versucht, dem gekreuzigten Christus in seiner Haltung zu den Menschen zu entsprechen (109).

Das Kreuz wird nicht vom gesamten Lebensbeispiel Jesu getrennt, es ist vielmehr die Konsequenz seiner Erniedrigung, die sich etwa dem Philipperhymnus zufolge (Phil 2,5–11) bereits in der Menschwerdung des Gottessohnes eindrucksvoll zeigt und im irdischen Leben Jesu fortsetzt. Die Armen als Geheimnis zu beschreiben, beinhaltet eine doppelte Sinnrichtung. Zum einen begegnet der Glaubende in ihnen dem erniedrigten Herrn selbst, zum anderen wird er in der Hinwendung zu ihnen Christus ähnlich.

In diesem Zusammenhang können Bedenken auftreten, die tatsächlich immer wieder geäußert worden sind. Romantisiert die Kirche nicht die oft schreckliche Armut von Menschen, indem sie deren Lebenssituation derart theologisch erhöht? Und: braucht die Kirche die Armen, um ihre eigene Frömmigkeit zu pflegen? Dies sind keine Randfragen, sondern dringen ins Herz der Theologie ein.

121 | Vgl. etwa Hermann Steinkamp, Diakonie statt Pastoral. Ein überfälliger Perspektivenwechsel, Münster 2012, Klappentext.

2. Barmherzigkeit und Gerechtigkeit

Braucht Gott die Armen?

Congar beschreibt das Faktum, dass Gott in der gesamten biblischen Überlieferung als ein Gott geglaubt wird, der die Armen liebt, während er die Mächtigen vom Thron stürzt. Kann das nicht bedeuten, dass Gott keinen Menschen neben sich reich und groß werden lassen möchte? Dass er Menschen braucht, die in ständiger Abhängigkeit von ihm leben und machtvoll klein gehalten werden? Dabei ist es dann gleichgültig, ob es nur um materielle Armut geht. Entscheidend ist es, dass Gott sich als Gott erweisen wollte, »der unumschränkter Herr ist und sich als solcher beglaubigen will« (101).

Wendet man dieses Prinzip auf kirchliches Handeln an, bemerkt man den Zynismus einer solchen möglichen Haltung. Es ginge dann gerade nicht darum, das Los der Armen zu ändern, sondern Kirche bräuchte die Armen, um ihre eigene Großherzigkeit unter Beweis stellen zu können oder um ihre eigene Christusmystik zu pflegen. Nur wenn es die Armen gibt, kann Kirche barmherzig an ihnen handeln. Gäbe es sie nicht mehr, hätte die Kirche einen wichtigen Existenzgrund eingebüßt. Die Begegnung mit den Armen diente dann, ob bewusst oder unbewusst, der geistlich-geistigen Auferbauung der Kirche. Wohltätigkeit wird auf eine solche Weise zur Herablassung, zum Machterweis gegenüber Abhängigen, die auch in Abhängigkeit gehalten werden sollen. Seit dem 19. Jahrhundert mögen es vor allem marxistische Kreise gewesen sein, die der Kirche eine derartige Haltung unterstellen, wie es Papst Benedikt XVI. in seiner Enzyklika *Deus caritas est* formuliert (Nr. 26). Als Reaktionen auf einige Aussagen von Papst Franziskus über den Kapitalismus in *Evangelii Gaudium* im Dezember 2013 konnte man ähnliches auch in Leserbriefen großer Tageszeitungen wiederfinden. Der Verdacht ist keineswegs vom Tisch und findet sich nicht nur bei DDR-Nostalgikern.

Mutter Teresa etwa ist wiederholt der Vorwurf gemacht worden, durch ihre Praxis der Barmherzigkeit und ihren christologischen Blick auf die Armen hätte sie strukturell nichts an der Situation der Menschen geändert. So sei sie sogar zum »Todesengel« in Kalkutta geworden.[122] Kritiker »zitieren (...) den für seine bisweilen etwas einseitigen Thesen bekannten Journalisten Christopher Hitchens, dem Mutter Teresa einmal gesagt haben soll: Im Leiden der Armen liege auch ›eine Schönheit‹, die an das Leiden Christi erinnere.«[123] Nach den Erläuterungen über das »Geheimnis der Armen« kann solch ein Satz richtig verstanden werden, die Vorbehalte zeigen aber auch, wie eine solche Aussage auf Nichtglaubende wirken kann, vielleicht auch auf diejenigen, die bereit sind, sich differenzierter dieser Persönlichkeit und ihrem Einsatz zu nähern.

Auch Papst Benedikt mahnt den Staat zur Verwirklichung gerechter Strukturen.[124] Dabei ist es seiner Auffassung zufolge nicht Aufgabe der Kirche, in den »politischen Kampf« um gerechte Strukturen einzutreten, vielmehr solle sie nur mit der Kraft der Argumente mitarbeiten.[125] Argumente jedoch können politischen Sprengstoff enthalten, so dass sie mehr sind als harmlose Wegweisungen. Man denke an den Untergang des Kommunismus, wo die Grenze zwischen dem Einstieg der Kirche in den politischen Kampf und der Kraft der reinen Argumente nicht so leicht auszumachen ist. Auch in ihren caritativen Institutionen ist die Kirche in Deutschland ja alles andere als eine rein argumentierende Größe. Sie ist politisch höchst aktiv. Es ist notwendig, die politische Gestaltungskraft der Kirche nicht auf Theorien zu begrenzen.

Zunächst einmal muss Armut bekämpft werden, wo es geht. Und selbstverständlich leisten die Kirche und viele einzelne Christen in ihr einen aktiven Beitrag, um konkret Gerechtigkeit zu verwirklichen und Lebensgrundlagen für Notleidende zu ermöglichen. Schon deswegen kann auch eine rein materiell arme Kirche kein Selbstzweck sein. Allerdings bleibt der Theologe realistisch. Trotz aller menschlichen Bemühungen wird es Arme immer geben. Barmherzigkeit wird immer notwendig sein, um eine lebenswerte Gesellschaft am Laufen zu halten.[126] Politische Utopien einer heilen Welt werden ihrerseits schnell unmenschlich. Gäbe es allerdings ausschließlich das »Mutter-Theresa-Modell«, würde die Kirche ihrem Auftrag nicht gerecht. Keiner muss alles machen, die verschiedenen

122 | http://www.zeit.de/wissen/geschichte/2010–08/mutter-teresa-katholisch (07.01.2014).
123 | http://www.sueddeutsche.de/panorama/studie-kratzt-an-mythos-mutter-teresa-alles-nur-keine-heilige-1.1618899 (14.01.2014).
124 | Vgl. Deus caritas est, 26f.
125 | Vgl. ebd. 28a.
126 | Vgl. ebd. 28b.

Mosaiksteine ergeben das Bild der Kirche. Auch ihre Kritiker sollten dies nicht ignorieren.

Zurück zur Heiligen Schrift: Die Geschichte Gottes mit den Menschen als eine Geschichte des Mitleidens, der Barmherzigkeit und Befreiung

Es lohnt sich, vor dem Hintergrund dieses Einwands gegen eine christliche Lehre von der Barmherzigkeit einen zugegeben etwas groben gesamtbiblischen Weg zu gehen. Die strikte Trennung zwischen dem kirchlichen Bemühen um Barmherzigkeit und der des Staates um Gerechtigkeit lässt sich nur schwer aufrecht erhalten. Menschen werden in der Bibel nicht zu Wegweisern berufen, sondern zu aktiv Handelnden im Auftrag Gottes, der sich immer in Tat und Wort (DV 2) offenbart.

Es gehört zum Urbestand biblischer Überlieferung, dass Gott ein eifernder Gott ist. Bevor er etwas fordert, gibt er sich ganz dem Einzelnen und dem Volk Israel hin. Wie Gott ist, zeigt er bereits dem Urvater des Glaubens, dem wandernden Abraham:

»Ein Gott, der schützend mitgeht, nicht in Mondnächten bloß, sondern auch in mondlosen und an Wintertagen, in der Zeit des Jahres, da der Nomade der mesopotamischen Steppe tags zu wandern vorzieht. Ein Gott, dessen Licht nicht erlischt. Ein Gott, dem man vertraut, weil man von ihm angeredet worden ist. Es ist ein Gott, der einem sagt, daß er einen führt.«[127]

Martin Buber verweist auf entscheidende Wesensmerkmale dieses Gottes Israels. Er bindet sich nicht an Orte, vielmehr an Menschen, die er erwählt, zur Wanderschaft bringt und in eine neue Zukunft führt.[128] Indem Gott sich als sprechender Weggefährte zeigt, offenbart er sich als personales Sein. Er begegnet dem Menschen als »Du«. Dieser Gott fordert Ausschließlichkeit und Verbindlichkeit, so wie er ebenfalls handelt. Er gibt sich nicht damit zufrieden, Teil eines Pantheon zu sein:

127 | Martin Buber, Der Glaube der Propheten, Darmstadt 1984, 61.
128 | Vgl. ebd. 62.

»Erst in der Glaubensatmosphäre eines einsamen, ausschließlichen, jenseits der Pantheone die Seinen fordernden und führenden Gottes konnte die Identifizierung zur Wirklichkeit werden. Ein kommender Gott wie dieser konnte keinen Welt- oder Lebensbereich, den er betrat, als seiner Herrschaft fremd anerkennen; wer den Platz besetzt hielt, wurde abgesetzt oder als sein eigner Platzhalter, ja als er selber, erwiesen.«[129]

Gott erwählt aus Freiheit Menschen, an die er sich bindet, die er aus einem alten Land weg holt und in eine neue Zukunft führt. Jeder andere Gott wird seiner Macht beraubt. Gott ist jenseits aller Orte und Heiligtümer, und wird doch immer wieder im Leben von Menschen konkret, die ihn als ein forderndes, liebendes und führendes Du erfahren, indem er spricht und handelt. Sobald Gott spricht und fordert, hört der Mensch (wie auch die Kirche) auf, sich als statischer Wegweiser verstehen zu dürfen, der für richtige Handlungsmaximen steht. Gott ruft den Menschen (wie die Kirche) auf einen Weg, der zu gehen und zu gestalten ist.

Wie stark die Bindung an den Menschen ist, und wie sehr seine Offenbarung Tat und Wort ausmacht, wird in der Erfahrung Israels konkret, aus dem Land der Knechtschaft, aus Ägypten von ihm befreit zu werden (vgl. Ex 3ff.).

Bereits in den ersten Worten Gottes, die er aus dem Dornbusch an Mose richtet, offenbart er sich als Gott der Väter, also als ein personales Du, das sich an konkrete Menschen gebunden hat und in deren Leben als Bundespartner aufgetreten ist. In Ex 3,7 offenbart Gott eine Haltung zu den Menschen, die ein biblisches Wesensmerkmal zeigt: Er sieht das Elend seines Volkes in Ägypten, und er kennt seine Leiden. Dieses Kennen ist keine bloße Zurkenntnisnahme. Es betrifft und berührt ihn. »Gott sieht die Not, hört das Schreien und steigt vom Himmel herab, um sein Volk zu retten.«[130] Er selbst wird sein Volk aus der Knechtschaft führen. Menschen wie Mose sind sein Sprachrohr und Werkzeug.[131] Mit-Leiden wird hier zur Wesensbeschreibung Gottes, beinhaltet jedoch gleichzeitig befreiendes aktives Handeln, in das er Menschen in seinem Auftrag mit einbezieht. Mit-Sein bedeutet gleichzeitig Mit-Leiden und Befreiung aus

129 | Ebd. 66.
130 | Josef Scharbert, Exodus (NEB 24), Würzburg 1989, 22.
131 | Vgl. ebd. 28.

der Sklaverei anderer Mächte und Gewalten.[132] Gerade darin zeigt sich das Gott-Sein JHWHs, dass er versklavende Mächte vernichtet um des Menschen willen, und dies tut, indem er Menschen dazu beauftragt und befähigt. Freiheit gegen Knechtschaft durchzieht die Bibel wie ein roter Faden. In den Psalmen begegnet dieses Thema permanent. Ps 82 etwa beschreibt im Zusammenhang einer Gerichtsverhandlung, in der JHWH gegen die anderen Götter antritt, die Gerechtigkeit gegenüber den Elenden als alleinigen Maßstab des Gott-Seins.[133] Ungerechtigkeit, Elend und Gewalt sind eine Folge des Versagens der anderen Götter. Die Macht des wahren Gottes erweist sich allein in der Herstellung der Gerechtigkeit und der Befreiung. Auch die zahlreichen Feindpsalmen thematisieren den Glauben in diesem Sinne.

Nebenbei sei angemerkt, dass sich bereits hier im AT ein Merkmal auch jesuanischer Verkündigung zeigt: Jesus verwirklicht die Gottesherrschaft in Tat und Wort. Sein Handeln ist nicht die Folge der Gottesherrschaft, sondern das Handeln verwirklicht diese.[134] Wenn Gerechtigkeit ein Kennzeichen der Herrschaft Gottes ist, kann sich die Kirche als »Zeichen und Werkzeug« (LG 1) nicht damit begnügen, richtige Prinzipien herauszustellen, sie wird wie Christus (und JHWH) selbst mitgehen und aufbrechen müssen.

Die Erfahrung göttlicher Zuwendung zu den Armen und Bedrängten und die sich daraus ergebenden auch politischen Konsequenzen sind Wesenszüge gerade alttestamentlich geprägter biblischer Theologie. Hier können nur einige Ausschnitte kurz beleuchtet werden, die jedoch für unsere Frage nach einer diakonischen Anthropologie und einem entsprechenden kirchlichen Handeln von großer Bedeutung sind. Alttestamentliche Schriften fordern Barmherzigkeit, begnügen sich aber nicht mit ihr. Sie sind so realistisch, dass sie wissen, dass es eine Welt ohne Barmherzigkeit nie geben wird, aber daneben fordern sie zu einer aktiven Mitgestaltung einer gerechten Welt heraus: Frank Crüsemann verweist auf die diakonietheologische Bedeutung der Sozialgesetzgebung Israels.[135]

---

132 | Vgl. dazu Helga Kasan, Mit-Leiden Gottes. Ein vergessener Aspekt des biblischen Gottesbildes, Frankfurt a. M. 2010, 426–437.

133 | Vgl. Stuttgarter Psalter, mit Einleitungen und Kurzkommentaren von Erich Zenger, Stuttgart 2005, 220 223.

134 | Vgl. Hoffmann, Jesus von Nazareth und die Kirche, 15–24.

135 | Vgl. Frank Crüsemann, Das Alte Testament als Grundlage der Diakonie, in: Diakonie – biblische Grundlagen und Orientierungen. Ein Arbeitsbuch, hg. v. Gerhard K. Schäfer / Theodor Strohm

Dazu gehört auch eine permanente unüberhörbare Kritik an den Mächtigen, die ihre Macht missbrauchen (Amos). Politische Folgen des beschriebenen Gottesbildes und Selbstverständnisses sind das Eigentumsverständnis, das den Besitz immer im Hinblick auf das Gemeinwohl und die Verantwortung für den Ärmeren versteht[136], und das besonders auch den Fremden mit einbezieht (Lev 19,33–36), so dass es keineswegs um ein egoistisch motiviertes Stammesrecht geht.

Ein letztes alttestamentliches Spezifikum sei kurz genannt: die Gebetskultur der Psalmen. Zahlreiche Lieder aus dem Psalter gehören zu den sog. Klagepsalmen. Ein Beispiel ist Ps 69, in dem viele Facetten von Armut und Not zur Sprache kommen.[137] Der Beter ist von einer feindlichen Welt umgeben, die ihn ungerechterweise anklagt und bedroht. Auch die Familie wird nicht mehr als bergender Schutzraum erfahren. Einsamkeit, Krankheit und die Erfahrung völliger Trostlosigkeit zeigen die unterschiedlichen Facetten seiner Not. Als der Beter krank wird, wird ihm keineswegs geholfen, sondern man reicht ihm auch noch Gift, um ihm den Rest zu geben. Seine Feinde leben scheinbar in der Ordnung Gottes, weil sie Opfer darbringen und damit den kultischen Vorgaben entsprechen. Der Psalm endet mit der Gewissheit, dass Gott retten wird.[138]

Indem sich solche Gebetstexte im Psalter finden, hören sie auf, rein individuelle Erfahrungen zu benennen. Sie werden zum Gebetsschatz des Gottesvolkes (auch der Kirche). Die betende Gemeinschaft gibt den Elenden und Bedrängten eine Stimme, diese finden sich in der Gebetsliturgie wieder. Wer so betet, muss zwangsläufig eine Sensibilität für die Menschen entwickeln, die sich in einer wie im Psalm beschriebenen Lage befinden. Der Psalm spricht ferner die Perversion einer kultischen Genauigkeit ohne das entsprechende mitmenschliche Verhalten an. Mitleid beinhaltet auch hier die Barmherzigkeit, aber mehr noch: die Aufforderung, an der konkreten Situation der betroffenen Menschen etwas zu ändern. Diese Aufforderung trifft nicht nur den individuellen Beter, sondern das gesamte Gottesvolk, das dieses Klagegebet als sein Gebet singt

(Veröffentlichungen des diakoniewissenschaftlichen Instituts an der Universität Heidelberg 2), Heidelberg 1990, 67–93; ³1998, 67–93 (= Volker Herrmann/ Martin Horstmann (Hg.), Studienbuch Diakonie, Bd. 1: Biblische, historische und theologische Zugänge zur Diakonie, Neukirchen-Vluyn 2006, 58–87.

136 | Zinsverbot (Dtn 23,20f.), Erlassjahr (Dtn 15,1ff.), Halljahr (Lev 25,8).
137 | Vgl. Crüsemann, Das Alte Testament, 62ff.
138 | Vgl. Stuttgarter Psalter, 182–187.

oder spricht. Gottes Liebe zeigt sich immer auch in der konkreten Gerechtigkeit[139], für deren Durchsetzung er Menschen beruft und sich an sie bindet. Es kann nicht belegt werden, wäre allerdings einmal eine genauere Untersuchung wert, inwieweit auch die »brave« Gebetskultur, in der Klage (und die Lebensrealität zahlreicher Menschen) kaum einen Platz hat, zur Entfremdung zwischen den Elenden unserer Zeit und der Kirche beigetragen hat und weiter beiträgt.

Wer sich der Realität der Armen stellt, bleibt eben selbst nicht mehr in der Position des Mächtigen. Gott hält den Menschen nicht klein, um selbst groß sein zu können, sondern er schafft in der Relativierung menschlicher Größe die Grundlage für eine wirkliche Gemeinschaft. Von jedem wird »die Haltung der Erwartung und der Sehnsucht, der Bereitschaft für die Gnade, der Selbstentäußerung und der völligen und vertrauenden Abhängigkeit« gefordert (102). Der Blick für das Geheimnis der Armen schafft eine realistische Einschätzung eigener Bequemlichkeiten, falschen Scheins, behäbiger Gewohnheiten, falscher Sicherheiten und Illusionen. Eitelkeiten können plötzlich als leer und hohl erkannt werden, so Congar (102). Und er warnt davor, die vom Evangelium geforderte Armut allein auf eine geistliche Haltung zu reduzieren, genauso wie er warnt, materielle Armut an sich heilig zu sprechen. Wenn sich die Kirche als ganze und jeder einzelne auf diese Gemeinschaft einließe, entfalteten sie nicht nur argumentative, sondern auch politische Kraft. Der Arme wird nicht gebraucht, um Macht durch Almosen oder gute Werke über ihn auszuüben, sondern er verändert das Gesicht der Kirche. Es entsteht eine Kirche, die von ihm aus neu zu denken, zu beten und zu leben beginnt, ohne Bequemlichkeiten, unbedachte Gewohnheiten, falsche Sicherheiten und Illusionen.

Caritatives Handeln stellt sich als ein sehr vielseitiges Gebilde dar. Daher sind die christologischen Begründungen kirchlichen Tuns ergänzungsbedürftig. Gerade der Blick ins AT ist notwendig, um den Einwand zu zerstreuen, Gott oder die Kirche bräuchten die Armen und seien an einer wirklichen Veränderung ihrer Situation nicht interessiert.

---

139 | Vgl. Erich Zenger, Das Erste Testament. Die jüdische Bibel und die Christen, Düsseldorf 1991, 72–85.

Die notwendende »Option für die Armen«

Dass die Kirche eine »Option für die Armen« trifft und praktiziert, ist weniger selbstverständlich als es klingt. Natürlich hat sich die Kirche während ihrer langen Geschichte um die Armen gekümmert und ihnen große Wertschätzung und konkrete Hilfe zukommen lassen. Hier Beispiele aufzuzählen, dürfte sich erübrigen. Auch ist sie ihnen keineswegs im Sinne einer herablassenden Barmherzigkeit, sondern in den unzähligen diakonisch Tätigen von Angesicht zu Angesicht begegnet, die in ihnen dem armen Christus begegneten. Die hier kurz zu skizzierende Option für die Armen geht über diesen barmherzigen Ansatz der klassischen Diakonie hinaus. In seiner Enzyklika *Centesimus Annus* kommt Papst Johannes Paul II. in Erinnerung an Papst Leo XIII. und seine Sozialenzyklika *Rerum Novarum* auf die Option für die Armen zu sprechen:

»Der Inhalt der Enzyklika ist ein sprechendes Zeugnis für die Kontinuität dessen in der Kirche, was man heute ›die vorrangige Option für die Armen‹ nennt; eine Option, die ich als einen ›besonderen Vorrang in der Weise, wie die christliche Liebe ausgeübt wird‹, definiert habe.« (Nr. 11)

Diese Definition des Papstes setzt die Option für die Armen dem sozialen Einsatz der Kirche für die Armen und dem Formulieren sozialethischer Prinzipien gleich. Sicher gehört dieser Aspekt dazu, aber es geht weit darüber hinaus um einen Perspektivenwechsel in Praxis und Theorie der Kirche, den der Papst an dieser Stelle nicht nennt. Besonders die Kirche in Lateinamerika hat in den Synoden der Bischofskonferenzen in Medellin (1968) und Puebla (1979) die neue theologische Sicht durchaus als Abschied vom klassischen Barmherzigkeitsideal formuliert. Norbert Mette verdeutlicht den Unterschied der theologischen Ansätze mit Hilfe eines Beispiels aus einer der ärmsten Regionen Perus, der Region Cajamarca.[140] Vor einigen Jahren sind dort gigantische Goldvorkommen entdeckt worden, um deren Abbau sich ein amerikanisches Unternehmen kümmert.

---

140 | Norbert Mette, »Säet Gerechtigkeit und erntet nach dem Maße der Liebe« (Hos 10,12). Relektüre von Deus caritas est aus der Perspektive der Sozialpastoral, in: Giancarlo Collet u. a. (Hg.), Liebe ist möglich, und wir können sie tun. Kontexte und Kommentare zur Enzyklika »Deus caritas est« von Papst Benedikt XVI. (Diakonik 7), Berlin 2008, 151–161, hier 151–153.

Die großenteils arme Bevölkerung versprach sich von dieser wirtschaftlichen Entwicklung ihrer Region eine Verbesserung der eigenen Lebensbedingungen. Profitiert haben jedoch nur die Wirtschaft und die ohnehin schon vermögenderen Grundbesitzer. Neben die persönlichen Folgen für die Menschen im Hinblick auf ihre materielle Situation, die schlechter geworden ist, treten massive ökologische Schäden. Zunehmend beginnen sich die Menschen gegen die verschiedenen Belastungen auf politisch friedlichem, aber doch deutlich wahrnehmbarem Weg zu wehren. Mette stellt zwei Formen kirchlichen Engagements in dieser Situation gegenüber, die symptomatisch für unterschiedliche theologische Hermeneutiken sind. Auf der einen Seite stellt sich der Priester Marco Arana auf die Seite der um ihre Rechte kämpfenden Menschen, er begleitet das Volk aktiv im Kampf für ihre Menschenrechte. Seine Aufgabe sieht er nicht nur in der Verkündigung, sondern im gelebten Evangelium, das er mit den Menschen zu verwirklichen sucht. Auf der anderen Seite steht der Bischof der Diözese, der mittels eines Hirtenbriefs die verschiedenen Konfliktparteien zur Rücksichtnahme und Mäßigung aufruft. Politisches Engagement sei nicht Aufgabe der Kirche und ihrer Amtsträger, sondern die Feier der Liturgie, die Verkündigung und die Caritas im Sinne der Barmherzigkeit. Damit steht der Bischof ganz auf der Linie von *Deus caritas est* und ihrem Verständnis von Diakonie und dem Verhältnis von Barmherzigkeit und Gerechtigkeit. Die Position des Bischofs stellt noch keine Verwirklichung einer Option für die Armen dar. Er bemüht sich sicher redlich um einen Dienst an den Armen und die Verwirklichung gerechter Verhältnisse durch die Mächtigen. An der Seite der Armen findet er sich nicht. Die genannten lateinamerikanischen Synoden stehen für einen anderen Weg. Option für die Armen heißt demnach, den Menschen zu helfen, selbst Akteure bei der Schaffung gerechter Strukturen zu sein, d. h. Menschen zu ermutigen, das Evangelium auch gesellschaftlich-politisch zu leben. Die Kirche handelt nicht an den Armen, sondern die Armen werden selbst Subjekte der Kirche, ihrer Praxis und Theologie.[141] Kirchliche Amtsträger stehen nicht nur als Wegweiser zur Seite, sondern als Weggefährten und Begleiter.

141 | Vgl. dazu Gutiérrez, Nachfolge Jesu und Option für die Armen, 27–42.

Der Hinweis auf Papst Leo XIII. und seine sicher große Enzyklika trifft also den Kern des Anliegens einer Option für die Armen nicht.[142] Dennoch sind die sozialen Bemühungen der Kirche besonders seit dem 19. Jahrhundert nicht gering zu schätzen. Die Väter des II. Vatikanischen Konzils konnten mutig eine Ernte einfahren, deren Saat schon Jahrzehnte vorher gelegt worden war. Lange vor dem Konzil war die Arbeiterfrage zu einer entscheidenden Wegmarke eines neuen theologischen Denkens geworden.[143] Leo XIII. reagiert auf eine solche Herausforderung mit seiner Sozialverkündigung. Allerdings nimmt er eine rein europäische Sehweise ein, daneben betrachtet er die Armut auf einer individuellen, nicht strukturellen Ebene. Das gilt auch für die sozialen Bemühungen Papst Pius XI. Erst Johannes XXIII. richtet den Blick auf die Länder der sogenannten Dritten Welt, und fordert internationale Solidarität und die Gestaltung gerechter Strukturen durch die Politik. So kann er vor dem II. Vatikanum eine »Kirche der Armen« fordern.[144] Armut wird für ihn zu einem »Zeichen der Zeit«, auf das die Kirche im Sinne des Evangeliums zu reagieren habe.

Das Sich-Einlassen auf die Zeichen der Zeit setzt ein bestimmtes theologisches Verständnis des Verhältnisses der Kirche zur Welt voraus, das schließlich »Gaudium et Spes« aufgreift und konkretisiert. Wer sich auf die Zeichen einlässt, geht davon aus, dass Gott im Heute spricht, wie es Marie Dominique Chenu formuliert: »Das Leben der Kirche (...) tritt in den Text ein (...) und gewinnt in lebendiger Tradition neue Kraft.«[145] In den Texten des Konzils selbst verschwindet der Gedanke einer Kirche der Armen jedoch zugunsten einer Kirche für die Armen (LG 8). GS spricht eindringlich von der Notwendigkeit, Armut zu bekämpfen, vertieft aber den inkarnatorischen Gedanken von GS 1 (»Freude und Hoffnung, Trauer und Angst der Menschen von heute, besonders der Armen und Bedrängten aller Art, sind auch Freude und Hoffnung, Trauer und Angst der Jünger Christi. Und es gibt nichts wahrhaft Menschliches, das

---

142 | Zum Folgenden vgl. Giancarlo Collet, Die Armen. Außen vor oder mitten drin? Ein missionswissenschaftlicher Blick in die kirchliche Sozialverkündigung und in die Enzyklika Deus caritas est, in: ders. u. a. (Hg.), Liebe ist möglich, 123–138.

143 | Vgl. Marianne Heimbach-Steins, »Erschütterung durch das Ereignis« (M.-D. Chenu). Die Entdeckung der Geschichte als Ort des Glaubens, in: Gotthard Fuchs/ Andreas Lienkamp (Hg.), Visionen des Konzils, Münster 1997, 103–123.

144 | Vgl. Margit Eckholt, Kirche der Armen, in: Delgado/ Sievernich (Hg.), Die großen Metaphern des Zweiten Vatikanischen Konzils, 205–224, hier 209.

145 | Ebd. 209.

nicht in ihren Herzen seinen Widerhall fände.«) nicht im Hinblick auf die Frage, inwieweit die Armen eigene Subjekte kirchlichen Handelns sein können und müssen.

50 Jahre geht der Gedanke einer Kirche der Armen in den Untergrund.[146] Papst Benedikt XVI. verweist in seinen Enzykliken über die Liebe und später über die Hoffnung darauf, dass es aufgrund historischer Erfahrungen nicht Sinn der Kirche sein kann, sich in politische Freiheitsbewegungen einbinden zu lassen. Auf die entsprechenden Passagen in *Deus caritas est* wurde bereits hingewiesen, in *Spe Salvi* (2007) begründet er seine Vorbehalte gegen eine politisch gefärbte Option für die Armen. Als Beispiel nennt er zwei revolutionäre Bewegungen: sowohl die Aufklärung und französische Revolution als auch der Marxismus hätten eine christliche eschatologische Hoffnung durch eine innerweltliche Heilsutopie ersetzt, und damit ohne es zu wollen unmenschliche Diktaturen hervorgebracht. Falsche Menschenbilder ergeben falsche menschenfeindliche Problemlösungen. Papst Benedikt wehrt sich gegen eine Auffassung, der Mensch sei Produkt wirtschaftlicher oder politischer Strukturen. Jede politische Utopie oder Heilshoffnung steht in Gefahr, die transzendente Wirklichkeit des Menschen aus dem Blick zu verlieren. Man hat ein wenig den Eindruck, dass die genannten Revolutionen die Kirche derart traumatisiert haben, dass sie, anstatt ein am Menschen orientiertes politisches Handeln zu entwickeln, jedes politische Tun der Kirche als Ideologie verwerfen.

Der eben erwähnte Dominikaner Marie Dominique Chenu hatte jedoch bereits in den 50er Jahren davon gesprochen, dass Erlösung und (auch innerweltliche) Befreiung nicht voneinander getrennt werden dürften. Margit Eckholt zitiert Chenu und resümiert:

»»Der von den Propheten angekündigte (...) Messias‹, so Chenu, ›bringt ein Heil, das nicht nur Erlösung von der Sünde, sondern auch (...) Befreiung bedeutet. Folglich ist die messianische Ära (...) überall dort eingeleitet, wo ein besseres Leben für die Armen (...) die Kolonisierten und die Ausgeschlossenen aller Rassen beginnt.‹ Damit war neben der geistlichen Orientierung der Gruppe der ›Kirche der Armen‹ auch ihre politische Bedeutung benannt«.[147]

Erst durch die Themen und den Lebensstil des Papstes Franziskus sind diese politischen Dimensionen wieder enthüllt worden. Daher kann man auch die sichtbaren Zeichen, die er setzt, nicht einfach als hilflose oder harmlose Show-Effekte disqualifizieren. Darin wird auch äußerlich eine Kirche repräsentiert, die nicht nur für die Armen da sein will, sondern von ihnen geprägt sein möchte. Dabei geht es nicht um eine materielle Armut oder Armseligkeit, sondern eine Grundhaltung der Kirche und ihrer Amtsträger, welche die gesamte Lebenshaltung Jesu in ihr eigenes Tun und Reden übersetzen. In seinem Schreiben *Evangelii Gaudium* definiert Papst Franziskus, wie er die Option für die Armen versteht:

»Für die Kirche ist die Option für die Armen in erster Linie eine theologische Kategorie und erst an zweiter Stelle eine kulturelle, soziologische, politische oder philosophische Frage. Gott gewährt ihnen ›seine erste Barmherzigkeit‹. Diese göttliche Vorliebe hat Konsequenzen im Glaubensleben aller Christen, die ja dazu berufen sind, so gesinnt zu sein wie Jesus (vgl. Phil 2,5). Von ihr inspiriert, hat die Kirche eine Option für die Armen gefällt, die zu verstehen ist als ›besonderer Vorrang in der Weise, wie die christliche Liebe ausgeübt wird; eine solche Option wird von der ganzen Tradition der Kirche bezeugt‹. Diese Option, lehrte Benedikt XVI., ist ›im christologischen Glauben an jenen Gott implizit enthalten, der für uns arm geworden ist, um uns durch seine Armut reich zu machen‹. Aus diesem Grund wünsche ich mir eine arme Kirche für die Armen. Sie haben uns vieles zu lehren. Sie haben nicht nur Teil am sensus fidei, sondern kennen außerdem dank ihrer eigenen Leiden den leidenden Christus. Es ist nötig, dass wir alle uns von ihnen evangelisieren lassen. Die neue Evangelisierung ist eine Einladung, die heilbringende Kraft ihrer Leben zu erkennen und sie in den Mittelpunkt des Weges der Kirche zu stellen. Wir sind aufgerufen, Christus in ihnen zu entdecken, uns zu Wortführern ihrer Interessen zu machen, aber auch ihre Freunde zu sein,

130

147 | Ebd. 211.

sie anzuhören, sie zu verstehen und die geheimnisvolle Weisheit anzunehmen, die Gott uns durch sie mitteilen will.

199. Unser Einsatz besteht nicht ausschließlich in Taten oder in För-
derungs- und Hilfsprogrammen; was der Heilige Geist in Gang setzt,
ist nicht ein übertriebener Aktivismus, sondern vor allem eine auf-
merksame Zuwendung zum anderen, indem man ihn ›als eines Wesens mit sich selbst betrachtet‹. Diese liebevolle Zuwendung ist der
Anfang einer wahren Sorge um seine Person, und von dieser Basis aus
bemühe ich mich dann wirklich um sein Wohl. Das schließt ein, den
Armen in seinem besonderen Wert zu schätzen, mit seiner Wesensart,
mit seiner Kultur und mit seiner Art, den Glauben zu leben. Die echte
Liebe ist immer kontemplativ, sie erlaubt uns, dem anderen nicht aus
Not oder aus Eitelkeit zu dienen, sondern weil es schön ist, jenseits
des Scheins. ›Auf die Liebe, durch die einem der andere Mensch angenehm ist, ist es zurückzuführen, dass man ihm unentgeltlich etwas
gibt‹. Der Arme wird, wenn er geliebt wird, ›hochgeschätzt‹, und das
unterscheidet die authentische Option für die Armen von jeder Ideologie, von jeglicher Absicht, die Armen zugunsten persönlicher oder
politischer Interessen zu gebrauchen. Nur das macht es möglich,
›dass sich die Armen in jeder christlichen Gemeinde wie ›zu Hause‹
fühlen. Wäre dieser Stil nicht die großartigste und wirkungsvollste
Vorstellung der Frohen Botschaft vom Reich Gottes?‹. Ohne die Son-
deroption für die Armen ›läuft die Verkündigung, die auch die erste
Liebestat ist, Gefahr, nicht verstanden zu werden oder in jenem Meer
von Worten zu ertrinken, dem die heutige Kommunikationsgesell-
schaft uns täglich aussetzt‹‹.

Dem Papst gelingt es auf überzeugende Weise, die Extreme in einer theologisch reflektierten Synthese zu verbinden. Was das politische Interesse
der Option für die Armen angeht, macht er unmissverständlich deutlich,
dass die Grundlage kirchlichen Handelns selbstverständlich keine politischen Programme oder vom Einzelnen losgelöste Ideologien oder Utopien sind. Auch gut gemeinte Hilfsprogramme oder Aktionen tendieren
dazu, nicht im Zusammenspiel mit den Betroffenen entwickelt zu werden. Der Helfer meint zu wissen, was der Adressat braucht. Dies ist nicht
der Weg des Papstes. Er spricht als glaubender Theologe, nicht als Politi-
ker. Deswegen erwartet er das Heil auch nicht allein aus veränderten

Strukturen. Den Zusammenhang zwischen Heil und Befreiung spricht er auf seine Weise ebenfalls klar an. Kirche beschreibt er nicht nur als Wegweiser, sondern sie steht als Wortführer an der Seite der Bedrängten. Da die Armen selbst aus der Rolle der versorgten Objekte heraustreten, stehen alle Gläubigen im Einsatz für die (auch politische) Gerechtigkeit zusammen. Die Armen sind wirklich bevorzugter Teil der Kirche, sie gehören in die Mitte. Sie können selbst artikulieren, was sie glauben und was sie für ein besseres Leben brauchen. Dazu passt das Bild einer Barmherzigkeit, die sich ihnen zuneigt (von oben!) nicht mehr. Ihr Glaubensleben und ihre Spiritualität bereichern das Zentrum der Kirche, sie sind unverzichtbarer Motor der Evangelisierung. In der Definition Pauls VI. heißt dies, dass sie notwendig dafür sind, den Bruch zwischen Evangelium und Kultur zu heilen. Hier sieht der Papst nämlich nicht mehr Geber und Adressaten, sondern eine in Einheit handelnde Glaubensgemeinschaft, die die politische und gesellschaftliche Wirklichkeit der Menschen nicht als Randfrage betrachtet, sondern durch sie ihre Theologie neu durchdenken lernt. Das lässt sich mit GS 1 hervorragend begründen. Jedenfalls gilt der Vorwurf, die Kirche gebrauche die Armen, hier nicht mehr.

3. »Er hält sich nicht aus dem Elend heraus«

Das »inkarnatorische Prinzip« kirchlicher Praxis und Theorie

Die gesamte Geschichte Gottes mit den Menschen zeichnet sich dadurch aus, dass Gott nicht satzhafte Lehren übermittelt, sondern sich auf die konkrete Geschichte der Menschen einlässt. Biblische Texte entstehen auf die Weise, dass Menschen ihre konkreten Glaubenserfahrungen niederschreiben. Es ist für die christliche Theologie mittlerweile eine Binsenweisheit, dass Inspiration biblischer Texte nicht bedeuten kann, dass sie Wort für Wort offenbart wurden, sondern dass sie Glaubenszeugnisse sind, die jeweils die Kultur und den Zeitkontext widerspiegeln. Bibelauslegung muss diesen praktischen Bezug berücksichtigen. Erfahrung von Menschen ist immer schon durch die kontextuelle und persönlich-subjektive Deutung von Wahrnehmungen geprägt. Das christliche Wahrheitsverständnis kann nie ohne den geschichtlichen Kontext sinnvoll betrachtet werden.[148] Gott offenbart Wahrheit nicht als einen Glaubensinhalt, sondern er zeigt sich als Höhepunkt der Offenbarung selbst in Jesus von Nazareth, und zwar »in Tat und Wort«[149].

Diese geschichtliche Offenbarung muss sich vor der Vernunft behaupten und gleichzeitig den Menschen zu einem freien Handeln und einem Hineinwachsen in die gleiche Haltung »der Selbstentäußerung« befähigen[150], sie muss zwangsläufig immer wieder geschichtlich werden. Wenn Wahrheit nicht mehr allein und auch nicht primär die inhaltliche »Instruktion« ist, sondern geschichtliches Handeln einer konkreten Person, ist es nicht abwegig, auch der gelebten Wirklichkeit und der Glaubenspraxis von Menschen Wahrheitscharakter zuzusprechen und die Praxis

---

148 | Vgl. Udo Fr. Schmälzle, Wie praktisch muß die Fundamentaltheologie sein, wie fundamental die Pastoral? in: Tiemo Rainer Peters u. a., Erinnern und Erkennen. Denkanstöße aus der Theologie von Johann Baptist Metz, Düsseldorf 1993, 240–249, hier 242. Zum Gesamten: Peter Kohlgraf, Bruch oder Kontinuität? Pastoraltheologische Aspekte als notwendige Hilfen für eine Bewertung des II. Vatikanums, in: PThI 31 (2011) H. 1, 225–239.

149 | Vgl. Dei Verbum 2.

150 | Vgl. Hans Waldenfels, Kontextuelle Fundamentaltheologie, Paderborn u. a.|1988, 173.

als Ort der Wahrheitsfindung für den Glauben ernst zu nehmen.[151] Den Bezug zu unserem Thema der »Armut« stellt Paulus (2 Kor 8,9) her: »Denn ihr wisst, was Jesus Christus, unser Herr, in seiner Liebe getan hat: Er, der reich war, wurde euretwegen arm, um euch durch seine Armut reich zu machen.« Inkarnation bedeutet, dass Christus die ganze menschliche Armut und Armseligkeit annimmt, mit dem Ziel, sie zu verwandeln. Wenn dieser Glaubensinhalt relevant bleiben soll, dann nur, indem die Kirche in seiner Nachfolge diese Abwärtsbewegung mitvollzieht, und wie Christus beginnt, das Reich Gottes in Heil, Befreiung und in der gelebten Nähe zu den Menschen Fleisch werden zu lassen. Der Satz von Alfred Delp, der diesen Zusammenhang von Praxis und Offenbarung der Wahrheit Gottes zusammenfasst, und ihn im Hinblick auf das Verhältnis zwischen der Kirche und den Armen bedenkt, ist bekannt geworden:

»Es wird kein Mensch an die Botschaft vom Heil und vom Heiland glauben, solange wir uns nicht blutig geschunden haben im Dienste des physisch, psychisch, sozial, wirtschaftlich, sittlich oder sonstwie kranken Menschen.«[152] Und ein wenig später: »Wir sind trotz aller Richtigkeit und Rechtgläubigkeit an einem toten Punkt. () Was gegenwärtig die Kirche beunruhigt und bedrängt, ist der Mensch. Der Mensch außen, zu dem wir keinen Weg mehr haben und der uns nicht mehr glaubt. Und der Mensch innen, der sich selbst nicht glaubt, weil er zu wenig Liebe erlebt und gelebt hat.«[153]

Wer einer guten alten Zeit in der Kirche nachtrauert, möge diese Texte Delps lesen. Die Richtigkeit und Rechtgläubigkeit macht noch keine christliche Wahrheit. Die Aussagen Delps sind noch aus anderen Gründen weiterführend. Er verweist auf die vielfältigen Phänomene von Armut, denen wir uns auch noch im Folgenden stellen müssen. Neben der oben beschriebenen Versuchung einer Barmherzigkeitspraxis, die im Verdacht steht, die Armen zu brauchen, kann die Theologie der Versuchung erliegen, Armut zu verklären. Wer sich zum Armen herunter-

151 | Vgl. Schmälzle, Gott handeln, 328.
152 | Das Schicksal der Kirchen, in: Alfred Delp, Im Angesicht des Todes, Frankfurt a. M. ⁷1961, 138–144, hier 140.
153 | Ebd. 142.

beugt, macht sich selbst nicht die Hände schmutzig, geschweige denn blutig. Und wer dem Armen mit dem christologischen Blick begegnet, kann versucht sein, die tatsächliche Not nicht zu sehen, indem er sie theologisch idealisiert. Nur wer selbst Teil der Welt und Realität des Armen wird, wer sich nicht scheut, blutige Hände zu bekommen, lebt das Evangelium von der Fleischwerdung der Wahrheit Gottes. Delp vermutet wohl nicht zu Unrecht, dass dies mit der Wirklichkeit der Kirche kaum in Verbindung gebracht wird. Die Inkarnation bleibt oft genug eine schöne Theorie.

Kirche, das sind die Anderen – Theorie und Praxis

Wer die Apostelgeschichte liest, begegnet einer Kirche, in der alle alles gemeinsam haben (Apg 2,44). Nicht umsonst spricht man gerne von einem urkirchlichen Liebeskommunismus. Die Realität sah wohl anders aus. Paulus muss im 1. Korintherbrief (11,17–24) seine reichen Gemeindemitglieder dazu ermahnen, sich nicht auf Kosten der Armen zu amüsieren. Mit einer solchen Praxis wird die Eucharistiefeier zur absurden Posse. Auch im Jakobusbrief (2,1–4) wird das Aufeinanderprallen verschiedener »Milieus« anschaulich thematisiert:

»Meine Brüder, haltet den Glauben an unseren Herrn Jesus Christus, den Herrn der Herrlichkeit, frei von jedem Ansehen der Person. Wenn in eure Versammlung ein Mann mit goldenen Ringen und prächtiger Kleidung kommt, und zugleich kommt ein Armer in schmutziger Kleidung, und ihr blickt auf den Mann in der prächtigen Kleidung und sagt: Setz dich hier auf den guten Platz!, und zu dem Armen sagt ihr: Du kannst dort stehen!, oder: Setz dich zu meinen Füßen! – macht ihr dann nicht untereinander Unterschiede und fällt Urteile aufgrund verwerflicher Überlegungen?«

Hätte es damals schon so etwas wie Milieustudien gegeben, hätte man wohl feststellen müssen, dass nicht die Armen das Leitmilieu der Gemeinde bilden und dass es selbst innerhalb der christlichen Gemeinde kaum Austausch zwischen den Milieus gibt. Auf der anderen Seite nehmen immerhin die Nichtchristen wahr, dass die Armen eine besondere Rolle spielen, so dass noch im 2. Jahrhundert der Kritiker Celsus das

Christentum als eine Religion der Armen (und auch der Dummen) schmähen kann. Der Theologe Origenes muss sich gegen solche Vorwürfe wehren, zumal gerade Alexandrien sich nicht als Kirche der Kleinen entwickelt hatte.[154] Dennoch: Die Heiden nehmen wahr, dass die Armen eine besondere Rolle spielen. Wirklich gemeindebildend waren sie wohl eher nicht.

Die Armen stehen im Weg, sie sind unangenehm, auch in der christlichen Gemeinde weicht man ihnen aus. Hier gibt es wohl kaum etwas zu beschönigen. Armut hat vielfältige Formen, immer begegnet der nicht Betroffene dem Armen mit unguten Gefühlen. Der Arme ist keineswegs der bessere Mensch. Er ist nicht demütig, und wenn, ist es das Ergebnis jahrelanger Erniedrigung oder zweckmäßiges Schauspiel. Er erfindet Geschichten, um seine Situation zu kommunizieren, die jenseits der Wahrheit liegen. Seine Gegenwart überfordert auch den, der helfen will. Der Arme ist oft ungepflegt, man berührt ihn nicht gerne. Wenn man seine Wünsche nicht erfüllt, wird er ausfallend oder gewalttätig. Bei seinem Anblick rührt sich das schlechte Gewissen, und man kann nicht allen helfen. In den Fußgängerzonen begegnen uns verstümmelte Menschen, von denen man vermuten kann, dass sie mit Absicht verstümmelt worden sind. Armut hat viele abstoßende Facetten: Hunger, Geldmangel, Krankheit, Sucht, Mangel an Bildung, Hoffnungslosigkeit, Obdachlosigkeit und vieles andere mehr. Man will helfen, und kann doch nur den berühmten Tropfen auf den heißen Stein träufeln. Mancher will sich nicht wirksam helfen lassen. Auch Institutionen stehen oft machtlos vor dem kläglichen Versuch der wirksamen Hilfe. Die Zahl der Armen auch in Deutschland wächst.[155] Mit 15,2 % im Durchschnitt hat die Armut 2013 ein Rekordhoch erreicht. Betroffen sind erschreckend viele Kinder, Jugendliche und auch Alleinerziehende. Die Differenzierung in absolut und relativ Arme wird hinfällig, wenn ganze Regionen in Deutschland zum Armenhaus geworden sind, so formuliert der Paritätische Wohlfahrtsverband in seiner Analyse des Armutsberichts 2013. Wer in solchen Gegenden relativ arm ist, ist verloren. Die Armen in Deutschland profitieren nicht von günstigen Wirtschaftsentwicklungen. Diese Armen sind nicht die Subjekte unserer Gemeinden: Kirche sind die anderen. Und wir,

---

154 | Vgl. dazu Kohlgraf, Glaube im Gespräch, 244–257.
155 | www.der-paritaetische.de/ab2013/trends/ (17.01.2014).

die hauptsächlich die Kirche prägen, leben nicht in der Welt dieser Armen. Wir schauen in unseren pastoralen Bemühungen in deren Welt hinein, um abends nach Feierabend in die eigenen gesicherten vier Wände einzukehren. Ordensgemeinschaften, die in diese Welt eingetaucht sind, können personell kaum überleben.

Und die Armen haben es wahrscheinlich gemerkt, bevor es in den Kirchen zum Thema geworden ist. Im Jahre 2005 ist die erste sogenannte Sinus-Milieustudie im Auftrag der Kirchen veröffentlicht worden. Das Sinus-Institut leistet »Lebensweltforschung, die das Alltagsbewusstsein und Alltagshandeln der Menschen zum Gegenstand hat«[156]. Dabei werden Lebensstil, Wertorientierungen und Alltagseinstellungen untersucht, so dass »Gruppen Gleichgesinnter« entstehen, die dann als Milieus erforscht und beschrieben werden. Es geht im letzen um strategisches Marketing, »das sich bereits in den unterschiedlichen Märkten bewährt«[157] hat. So ist es stimmig, dass in den Sinus-Milieus 2005 die armen Bevölkerungsschichten in das Milieu der »Konsum-Materialisten« eingeordnet wurden. Sie waren Menschen, die gerade, weil sie materiell wenig oder nichts vorweisen konnten, ihre Identität im Konsum suchten. Ihr Verhältnis zur Kirche ist so gut wie gar nicht vorhanden. In den Interviews mit Menschen aus diesem Milieu stand die Kirche für »Distanz, Macht, Strenge, Zwang. Kirche bietet für diese Menschen keine konkrete Hilfe und im Alltag keinen praktischen Nutzen«[158]. Diese Sinusstudie hat allein die Armen im Blick, die sich irgendwie noch Konsum leisten können, auch unter Schulden und anderen Scheinsicherheiten. Aber es sind die im Blick, die noch für den Markt interessant sind. Die anderen Armen sind schon gar nicht mehr im Blick. Nun konnte und kann jeder, der pastoral mitarbeitet, in seinem Bistum eine Übersicht bekommen, welche Milieus in seinem Pfarrgebiet vertreten sind. Dabei sieht man dann auch die prekären Milieus wie das der Konsum-Materialisten. Man kann sich nun überlegen, ob und wie man diese Menschen pastoral ansprechen und einbinden kann. Gelungen war das bisher ja offenkundig nicht. Die anderen, für den Markt Uninteressanten, tauchen dann auch in keiner kirchlichen oder sinusorientierten Statistik auf. Das sagt wohl etwas über den pastoralen Blick auf diese Menschen.

---

156 | www.sinus-institut.de/loesungen/sinus-milieus.html.
157 | Ebd.
158 | Handbuch der Sinus Sociovision, 2005, 13.

Weniger eindeutig marktorientiert formuliert die neue Sinusstudie, das sogenannte Modell-Update, das nach 2010 erstellt wurde. Der schnelle gesellschaftliche Wandel erforderte eine Neugestaltung der Milieudarstellungen. Besonders erwähnenswert ist das weitere Auseinanderklaffen von Oben und Unten, die zunehmende Bedeutung von Leistung und Effizienz, die Nutzenorientierung, die wachsende Suche nach Sicherheit und Geborgenheit, Nachhaltigkeit und Entschleunigung. Das sogenannte Prekariat ist der neue Name für die Unterschicht. Das Verhältnis dieser Menschen zur Kirche war nun ebenfalls von Interesse. Wenn es Berührungspunkte gibt, dann in Stellen der Caritas, wo konkrete Hilfe geleistet wird, und in der Suche nach Kindergartenplätzen.[159] Zukunftsperspektiven haben diese Menschen in vielerlei Hinsicht keine. Viele bemühen sich vergeblich, Anschluss an die »Konsumstandards der breiten Mitte« zu halten. Immerhin wird Armut nicht mehr gleichgesetzt mit dem marktwirtschaftlich orientierten Konsum-Materialismus. Dennoch sind vorwiegend diejenigen Menschen im Blick, die etwa im Bereich Familie oder Kindererziehung noch Anschluss an die Gesellschaft und evtl. auch an die Kirche suchen. Die aus diesem System herausfallen, sind in den pastoralen Planungen kaum mehr im Blick. Inwieweit die Menschen aus dem Prekariat, die irgendwie noch in das Schema des untersuchten Milieus passen, wirklich Adressaten der pastoralen Bemühungen in den Gemeinden werden, dürfte sehr unterschiedlich sein. Selbstverständlich gibt es hilfreiche Ansätze dazu.[160] Dass sie als Subjekte gemeindlichen Lebens federführend fungieren, wird kaum vorkommen. Sich die Hände im Sinne Delps blutig (oder wenigstens schmutzig) zu machen, ist kaum Bestandteil pastoraler Überlegungen für eine flächendeckende Strukturreform. Der Autor dieser Zeilen ist da keine Ausnahme. Auch er lebt in gesicherten Verhältnissen. Zwischen seiner Lebenswelt und der Lebenswelt des Prekariats gibt es keine konkreten Durchlässigkeiten, erst Recht nicht zu denen, die noch nicht einmal mehr in das Milieu des Prekariats hineinpassen. Meine Kirche, die ich lebe und in meiner Lebenswelt vorfinde, ist die der Anderen; sie verkörpert Distanz, Macht, Strenge und Zwang, so lautet das ernüchternde Ergebnis im Jahre 2005, das sich wenig verändert hat. Diese Fremdwahrnehmung unterscheidet sich wahr-

159 | Vgl. www.caritas.de/cms/contents/caritasde/medien (17.01.2014)
160 | Vgl. Claudia Schulz/ Eberhard Hauschildt/ Eike Kohler, Milieus praktisch, II. Konkretionen für helfendes Handeln in Kirche und Diakonie, Göttingen 2010.

scheinlich erheblich von der Selbsteinschätzung der Kirche. Sie könnte so
etwas sein wie eine Fremdprophetie, die an die Kirche und ihre Praxis die
richtigen Fragen stellt. Sie steht für eine Idee von der Kirche, die gar nicht
so weit weg vom Evangelium ist. Die Antworten der befragten Menschen
zeigen zudem, dass es gar nicht in erster Linie um finanzielle Hilfen
geht, die sie thematisieren und vermissen. Gerade deshalb ist es hier erlaubt, auf die theologische Problematik hinzuweisen, die dadurch für die
Kirche entsteht. Wenn GS 1 programmatisch sein soll, sind »Freude und
Hoffnung, Trauer und Angst«, besonders der Armen und Bedrängten
noch nicht die Leitthemen kirchlicher Praxis und Lehre. Inkarnation
müsste anders aussehen. Dass es bereits in neutestamentlicher Zeit nicht
überzeugend funktioniert hat, ist dabei nur ein schwacher Trost.

Versuche, eine Theologie der Armen zu ermöglichen

Bereits während des Konzils äußerten sich namhafte Bischöfe über die
Notwendigkeit, der Kirche das »Antlitz der Armut« wieder zu geben.[161]
Sie machen sich Gedanken über die Glaubwürdigkeit von liturgischen
Gewändern, Ehrentiteln, der alltäglichen Kleidung von Klerikern, und
sie denken über notwendige Reformen nach. Dabei wird deutlich, dass
solche Äußerlichkeiten keine Nebensächlichkeiten sind, sondern die Distanz zu den Armen zementieren. Ein besonderes Ereignis war der sogenannte Katakombenpakt von Bischöfen, die sich verpflichteten, in Einfachheit ihr Amt gemäß dem Evangelium auszuüben.[162] Aus ursprünglich
40 Bischöfen, die 1965 in der Domitillakatakombe diese Selbstverpflich-
tung unterschrieben hatten, sind danach über 500 Unterzeichner geworden. Es lohnt sich, einige Sätze daraus zu zitieren, weil in ihnen der Bezug zu den anderen Themen Congars (und dieses Buches) deutlich wird:
Armut heißt Nähe zu den Menschen, denen die Bischöfe dienen wollen:

»Die Bischöfe verpflichten sich selbst, nach dem Geist Jesu Christi,
dem Geist der Armut, Demut und geschwisterlichen Liebe zu leben,
auf Machtsymbole und –privilegien zu verzichten und ›das Leben mit

---

161 | So Kardinal Liénart, Bischof von Lille am 12./13. Mai 1963 (Congar, Dienende und arme Kirche,
        121).
162 | Vgl. dazu Schmälzle, Nomen est omen?, 336; Margit Eckholt, Kirche der Armen, in: Delgado/ Sie-
        vernich (Hg.), Die großen Metaphern des Zweiten Vatikanischen Konzils, 205–224, hier 218f.

unseren Geschwistern in Christus zu teilen, mit allen Priestern, Or-
densleuten und Laien, damit unser Amt ein wirklicher Dienst
werde«.«.[163]

Eckholt stellt fest, dass diese Bischöfe bereits von der »Erfahrung einer
erneuerten Pastoral« besonders in Lateinamerika geprägt waren, welche
den Blick für Menschen am Rande geschärft hatte und von deren Realität, sowie von politischen Fragen inspiriert war.[164] Heil und Befreiung
sind nach diesem theologischen Verständnis nicht mehr voneinander zu
trennen.[165] Die Synoden von Medellin und Puebla ergeben sich daraus
konsequent.

Die Pastoralkonstitution *Gaudium et Spes*, das neu formulierte inkarnato-
rische Prinzip christlichen Offenbarungsverständnisses, das Wahrnehmen der Armut als Zeichen der Zeit, sowie die Erfahrungen der Bischöfe
und Theologen, die von einer Theologie der Armen geprägt waren, führten zum Versuch einer Theologie der Befreiung, welche radikal Ernst
machte mit der Option für die Armen.[166] Die Armen sollten selbst Subjekte von Theologie und Kirche werden. Dazu gehörte auch die politische
Option, selbst für gerechte Strukturen sorgen zu können, die ihnen bisher oft vorenthalten wurden. Die Theologie der Befreiung als ein rein in-
nerweltliches Heilskonzept zu verdächtigen und ihr jeden Transzen-
denzbezug abzusprechen, wird dem Anliegen nicht gerecht. Es ging um
eine neue theologische Hermeneutik vor dem Hintergrund von *Gaudium
et Spes*.[167] Erlösung konnte nicht mehr losgelöst von menschlicher Erfahrung und geschichtlich wirksamer Befreiung verstanden werden. Der
Dualismus von Lehre und Leben sollte aufgehoben werden, die Lehre aus
dem Leben hervorgehen. Die gesamte Theologie sollte von der Lebens-
und Glaubenspraxis her neu durchdacht werden. Es ist bekannt, dass das
kirchliche Lehramt diesen hermeneutischen Schritt nicht mitging, ob-
wohl Johannes Paul II. wiederholt die Option für die Armen bekräftigte.
Clodovis Boff sieht allerdings einen Weg der Versöhnung, wenn wirklich

---

163 | Ebd. 218.
164 | Vgl. ebd. 219.
165 | Ebd. 220.
166 | Der folgende Text ist weitgehend entnommen aus: Kohlgraf, Glaube im Gespräch, 96f.
167 | Vgl. dazu Clodovis Boff, Wissenschaftstheorie und Methode der Theologie der Befreiung, in:
Ignacio Ellacuría/Jon Sobrino (Hg.), Mysterium Liberationis. Grundbegriffe der Theologie der
Befreiung, Bd. I, Luzern 1995, 63–97.

die Not der Menschen den Ausgangspunkt kirchlichen Handelns bilden würde. Zu einer wirklichen Akzeptanz der Hermeneutik einer Theologie der Armen ist es nicht gekommen. Papst Benedikt erneuerte noch am 5. Dezember 2009 den Marxismusvorwurf gegen die Theologie der Befreiung. Lehramtlich ist die Rezeption von Gaudium et Spes in den Kinderschuhen stecken geblieben, das Armutsthema der genannten Bischöfe in den Schubladen verschwunden. Clodovis Boff betont, dass der Ansatz der Befreiungstheologen nicht neu ist, sondern auf große Vorbilder gerade der Vätertradition zurückgreifen kann.[168] Gerade sie dachten das Heil der Menschen selten losgelöst von der Veränderung der konkreten irdischen Wirklichkeit.

Papst Franziskus[169] vertritt eine Theologie des Volkes, die anders akzentuiert, der Theologie der Befreiung von ihrem Grundanliegen aber ähnlich ist. Kennzeichen dieser Pastoral ist das Bemühen, »von unten« konkrete Optionen her zu entwickeln. Dabei spielt besonders die Volksfrömmigkeit eine erhebliche Rolle, die das Leben und die Theologie mit Geist erfüllt.

Dies heißt für das Verständnis einer Option für die Armen, dass ihre Kultur genauso theologiegenerativ sein muss, wie es auch die Kultur anderer Milieus ist. Theologische Theorie und pastorales Handeln müssen sie für sich genauso gestalten dürfen wie Menschen aus anderen Milieus. Theologie und Praxis werden dadurch vielfältiger und dynamischer. Dass sie dadurch auch kurzlebiger werden, ist dabei gewollt. Eine »Kultur von immer und überall« verhindert eine am Menschen orientierte Theologie und Praxis.

Für unsere Breiten werden nicht alle Elemente aus Südamerika übertragbar sein, wohl aber die Grundhaltung. Es wird ebenfalls zu wenig sein, allein das »betende Gottesvolk« zu befragen, denn dann würden die Menschen am Rande unserer Gesellschaft ebenfalls aus dem Prozess herausfallen. Von dem Versuch, wirklich wahrzunehmen, aus dem Evangelium heraus zu urteilen und konsequent zu handeln und Menschen handeln zu lassen, ist kirchliche Theorie und Praxis wohl noch entfernt. Eine Theologie der Armen, die im Sinne der Befreiungstheologie theologische Begriffe aus der Begegnung mit den Menschen am Rande neu durch-

---

168 | Vgl. ebd. 71.
169 | Vgl. P. Kohlgraf, Ein Volk von Propheten – ein vergessener Wesensvollzug der Kirche, in: PThI 34 (2014) H. 1, 119–137.

denkt und eine wirklich befreiende Praxis auslöst, ist ein spannendes Zukunftsprojekt. Die Konzilsbischöfe zeigen dabei einen ersten Schritt, der darin besteht, eine Begegnung zwischen der Kirche, ihren Amtsträgern und »den Armen« überhaupt erst einmal zu ermöglichen, indem auf Machtgebaren und äußeren Prunk konsequent verzichtet wird, so dass der Kern des Evangeliums auch in der Lebensweise aufleuchten kann. Eine Patentlösung ist dies allein noch nicht, aber ohne einen ersten Schritt geht es nicht. Diesen Schritt allerdings müssen nicht die Menschen aus den »prekären Milieus« tun.

Interessant ist der gesamte Bereich der »Sozialpastoral«, mit dem sich Hermann Steinkamp intensiv auseinandergesetzt hat.[170] Viele der hier beschriebenen Fragestellungen finden sich in seinem Buch wieder. Um nur einige Themen zu nennen: der »feine Unterschied ́« zwischen Sozialpastoral und diakonischer Pastoral, der darin besteht, dass Betroffene selbst zur Aktivität und Solidarität ermutigt werden[171]; die Bedeutung der Orthopraxis[172]; die politische Dimension diakonischen Handelns.[173] Steinkamp muss jedoch auch zugeben, dass die zunächst in Lateinamerika aufkommende Sozialpastoral seit den 70er Jahren in Deutschland nur schwer rezipiert wurde. Zwar gab es zunehmend Eine-Welt-Gruppen und ein entsprechendes Engagement in den Pfarrgemeinden, aber der Versuch der Gründung von Basisgemeinden im Sinne von Parallelgemeinden zur klassischen Struktur stießen auf nicht lösbare Probleme.[174] Schließlich seien Projekte im Sinne von »Gemeinde der Armen« am katholischen Milieu gescheitert.[175] Es scheint realistisch, dass Projekte der Sozialpastoral nicht flächendeckend, sondern von kleinen Gruppen praktiziert werden. Man wird mit Gewalt die mittelständisch und bürgerlich geprägten Gemeinden nicht komplett verändern können. Der Blick ins NT zeigt, dass das Thema ein kirchliches Systemproblem darstellt. Es ist jedoch viel gewonnen, wenn derartige Bemühungen gewollt und unterstützt werden. Zwei Resümees Hermann Steinkamps sollen diesen Teil abschließen:

---

170 | Vgl. dazu Diakonie statt Pastoral. Ein überfälliger Perspektivenwechsel (Diakonik 10), Berlin 2012.
171 | Vgl. ebd. 109.
172 | Vgl. ebd. 47–68.
173 | Vgl. ebd. 291–314.
174 | Vgl. ebd. 111f.
175 | Ebd. 114.

1. »Je näher am |Zentrum| volkskirchlicher Gemeinden, desto eher scheint das Modell |diakonische Pastoral| möglich; je weiter davon entfernt (an den Rändern, im Stadtteil, im Milieu der Verbände, in Arbeitsloseninitiativen), desto größer die Chancen der Sozialpastoral.

2. »Trotz der ernüchternden Einsicht, dass das Konzept der Sozialpastoral derzeit im deutschsprachigen Raum nicht mehrheitsfähig ist, d. h. vorerst wohl nur von Minderheiten |an den Rändern der Volkskirche| praktiziert werden kann, sind die Entwicklungen der |diakonischen Pastoral‹ dennoch ermutigend.«[176]

Das Bemühen dieses Kapitels war es, auf die theologische Notwendigkeit dieser »Ränder« hinzuweisen. Sie sind Teil des Wachstums des Reiches Gottes. Dafür ist es nicht erforderlich, alle Formen klassischer Pastoral und Diakonie gering zu schätzen. Es ist auch nicht schlimm, wenn derartige Projekte klein sind. Auf Dauer wäre eine Vernetzung notwendig, und es wäre unerlässlich, den volkskirchlichen Gemeinden bewusst zu machen, dass sie mit den Menschen am Rande das eine Volk Gottes bilden.

176| Ebd. 120.

4. Diakonie als Aufgabe jedes Christen und der Kirche

Nimmt man den Anspruch von Papst Franziskus ernst, dass sich Theologie und kirchliche Praxis von unten nach oben entwickeln müssen, wird einem bewusst, wie vielfältig, weil inkarnatorisch, kirchliches Handeln sein muss. Die bisherigen Darlegungen dürfen nicht übersehen lassen, wie viel gutes haupt- und ehrenamtliches Engagement im diakonischen und sozialen Sektor geschieht, oft ohne großes Aufsehen zu erregen. Der Hinweis Congars auf die Verantwortung für das diakonische Anliegen der Kirche bleibt aktuell. Es zeichnet die Kirche aus, dass sie von Anfang an nicht nur auf die individuelle Barmherzigkeit und das caritative Bemühen des Einzelnen setzte, sondern dass sie Caritas institutionalisierte.[177] Diese Entwicklung zieht sich durch die ganze Kirchengeschichte hindurch. Caritativ-institutionelles Tun war kirchliches Tun, und lange Zeit waren es Christen allein, die diesen Dienst an den armen Menschen leisteten. Heute ist die Caritas oder die Diakonie ein riesiger Apparat mit Angeboten, die wohl beinahe alle Notsituationen von Menschen abdecken. Durch Papst Benedikt XVI. ist die Problematik verschärft in den Blick genommen worden, worin sich ein kirchliches Profil der Einrichtungen und Angebote zeigt.[178] Man kann darüber diskutieren, inwieweit nicht caritatives Tun schon christlich ist, ohne sich inhaltlich schärfer profilieren zu müssen. Viele Hilfsangebote können nur sinnvoll angeboten werden, wenn sie von professionell Helfenden ausgeführt werden. Wie in der pastoralen Arbeit auch kann sich eine Entwicklung einstellen, dass sich nicht Ausgebildete aus dem Engagement zurückziehen, weil sie das Feld den ausgebildeten Helferinnen und Helfern überlassen wollen. Caritas würde zu einem Gebiet von Spezialisten. Gemeinden und einzelne Personen würden sich aus der konkreten Hilfe für den einzelnen Menschen zurückziehen, gar nicht unbedingt aus Desinteresse, sondern aus Sorge, mehr zu schaden als zu nutzen. Der Dienst der Caritas, Menschen in den Gemeinden zu schulen und zu eigenen Projekten zu ermuti-

---

177 | Vgl. Alfons Fürst, Organisation und Theologie der Caritas in der Alten Kirche, in: Collet u. a. (Hg.), Liebe ist möglich, und wir können sie tun, 11–26.
178 | *Deus caritas est*, Nr. 31.

gen, wird zunehmend wichtiger werden und wird bereits geleistet.[179] Inwieweit Gemeinden als Ganze sich wirklich als diakonisch verstehen, bleibt ein Stachel im Fleisch. Dass die Armen selbst zu Subjekten kirchlichen und solidarischen Handelns werden sollen, nimmt man den kirchlichen Anspruch ernst, ist bereits angesprochen worden. Von den Menschen, die sich in der Mitte oder in den oberen Milieus bewegen, nimmt die Kirche dies selbstverständlich an. Besitz ist immer Verantwortung für andere. In seiner Schrift *Evangelii Gaudium* geht Papst Franziskus in deutlicher Breite auf diese Verantwortung ein, die Armen gesellschaftlich einzugliedern, er spricht ausdrücklich von einer »Befreiung und Förderung der Armen« (Nr. 187) durch diejenigen, denen wirtschaftlich und gesellschaftlich diese Möglichkeiten offenstehen. Schon deswegen trifft der Vorwurf nicht, der Papst fordere eine armselige Kirche und verachte die Reichen[180], wenn er davon spricht, dass das Geld immer auch den Armen gehöre. Durch ihre Armutspredigt hätten die Christen zu verantworten, so Hank, dass »in Europa die Lichter ausgegangen« seien. Damit macht er sich die Kritik Nietzsches zu Eigen, das Christentum sei durch das Armutsideal zur Fortschrittsbremse Europas seit dem 5. Jahrhundert geworden. Es ist hier nicht der Raum, dieses durchaus komplexe Thema erschöpfend zu behandeln. Einige kurze Anmerkungen zu der These seien aber erlaubt. Die Kirche und die Theologie waren immer realistisch genug, nicht von allen Christen gleichermaßen die radikale Armut, die Jesus in der Bergpredigt vertritt und vorlebt, zu fordern. Die Entstehung des Mönchtums mag eine Reaktion darauf sein: manchem war bewusst, was die Kirche verliert, wenn man die Armutsforderung allein ins Spirituelle auflöst. Für die Kirche waren diese Menschen, die bewusst die Armut wählten, lebensnotwendig und sind es bis heute. Gleichzeitig sind sie eine Gruppe, die den Normalchristen immer wieder den Spiegel vorhalten, wie sie es denn mit den Forderungen der Bergpredigt halten. Gerade die Klöster waren Motor kulturellen, wirtschaftlichen und geistlichen Fortschritts. Sie verhinderten einerseits, dass die Kirche zur radikalen Sekte wurde, andererseits darf

---

179 | Solche Projekte werden vorgestellt bei: Schmälzle, Menschen, die sich halten – Netze, die sie tragen. Vgl. auch: Arbeitsstelle der Frauenseelsorge der Deutschen Bischofskonferenz (Hg.), Wandel im Ehrenamt. Entwicklungen und Modellprojekte, Bonn 2012.

180 | So Rainer Hank, »Tyrannei des Marktes«. Die Kirche verachtet die Reichen, in: Frankfurter Allgemeine Sonntagszeitung vom 1.12.2013, 32.

man aber auch nicht übersehen, dass sie manchmal der Grund dafür wurden, das Armutsideal an sie zu delegieren. So ist es richtig, immer wieder an die Relativität irdischen Besitzes zu erinnern. Wenn der Papst dies mit drastischen Worten tut, redet er ja nicht nur den Reichen ins Gewissen, sondern allen, die nach einem Weg suchen, ihre Talente für andere Menschen einzusetzen. Am Ende des Artikels wirft Hank dem Papst vor, nur Almosen und Barmherzigkeit im Gepäck zu haben. Diese Behauptung erweist sich nach allem, was der Papst mit der Option für die Armen verbindet, als schlichtweg falsch.

Das Thema Kirche und Geld beschäftigt die Öffentlichkeit nicht von ungefähr. Bischöfliches und diözesanes Finanzgebaren wird zunehmend kritisch diskutiert | vielleicht ist diese zunehmende Transparenz für die Kirche heilsam, weil auch ihr das Geld anvertraut ist, das ihr im Sinne von Papst Franziskus nicht für eigene Zwecke gehört.[181] Zum Realismus gehört aber auch, dass die Kirche Geld braucht, um ihre Aufgaben in der Welt wahrzunehmen.[182] Sie lebt damit in der ständigen Spannung zwischen dem Anspruch Jesu und ihrem Auftrag in dieser konkreten Welt. Der Präsident des Deutschen Caritasverbandes verweist auf die Verantwortung der Kirche, transparent und verantwortungsvoll mit dem Besitz umzugehen. Wie in Deutschland eine arme Kirche auszusehen hat, wird anders sein als in anderen Situationen. Wer etwa für die Abschaffung der Kirchensteuer eintritt und meint, dadurch würde eine Kirche automatisch lebendiger, sollte sich die Situation im 19. Jahrhundert anschauen.[183] Besitz und geistliche Kraft widersprechen sich keineswegs – so die historische Erfahrung. Auch in diesem Zusammenhang ist vor einer unkritischen Idealisierung von Armut zu warnen. Als Papst Benedikt in Freiburg die Kirche in Deutschland zur Entweltlichung mahnte, vertrat er die Ansicht, dass materielle »Entlastung« der Weg zu größerer Weltoffenheit werden würde. Kardinal Lehmann kann diesen direkten Zusammenhang mit historischen Hinweisen in Frage stellen. Berechtigt seien die Fragen Benedikts XVI. nach der geistigen Kraft im Handeln der Kirche und wie satt und unbeweglich die Kirche in Deutschland durch ihre

181 | Vgl. das Dossier in der »Zeit« vom 13.1.2014 über die Finanzaktionen im Erzbistum Köln.
182 | Zum Folgenden: Interview mit Caritas-Chef Peter Neher in der Süddeutschen Zeitung vom 2.12.2013.
183 | Vgl. Karl Kardinal Lehmann, Was heißt Weltoffenheit für die Kirche? Zur Freiburger Rede des Papstes, in: Jan-Heiner Tück (Hg.), Der Theologenpapst. Eine kritische Würdigung Benedikts XVI., Freiburg – Basel – Wien 2013, 170-.175.

gesellschaftliche und finanzielle Situation geworden sei.[184] Franz-Xaver Kaufmann benennt die Spannung, in der die Kirche immer stand und stehen wird: dem Anspruch der Heiligen Schrift, sich nicht dieser Welt anzupassen, und den Bedingungen, denen sie als Teil dieser Welt unterworfen ist.[185]

Die päpstliche Mahnung zu einer entweltlichten oder armen Kirche ist zur Gewissenserforschung und aktuellen Standortbestimmung unverzichtbar. Wenn die Kirche eine Option für die Armen trifft, wäre es eine Überlegung wert, wie die Menschen am Rande einbezogen werden können in die Überlegungen eines Umgangs mit dem Besitz. Wer sie im Blick hat, und das nicht nur als Almosenempfänger, wird anders mit dem anvertrauten Gut umgehen als eine Kirche, die hauptsächlich den eigenen Systemerhalt anzielt.

5. Ertrag für einen diakonischen Umgang mit dem Menschen

Es ist eine Binsenweisheit, dass es der Kirche um den Menschen gehen muss. Das Nachdenken über ein diakonisches Bild lässt zahlreiche, nicht nur angenehme Konsequenzen sehen. Die Armen, deren Lebenssituation von vielerlei Nöten geprägt ist, da Armut nie nur eine Gestalt hat, stehen gesellschaftlich am Rande oder sind bereits über den Rand hinaus geraten. Bestenfalls sind sie noch Teil einer Statistik. Ein diakonischer Blick schaut auf den Einzelnen und seine Situation, und der christliche Glaube bietet Hilfen an, hinter dem Elend das »Geheimnis« des Armen zu sehen und zu respektieren. Kirche darf den Armen nie »brauchen«, sondern sie muss ihm ermöglichen, die Erfahrung zu machen, Teil der Kirche und Akteur zu sein.

Ein diakonisches Menschenbild bleibt realistisch. Es muss mit der Armut leben lernen, darf aber gleichzeitig nie die Hoffnung auf persönliche und strukturelle Veränderung aufgeben. Wird der Arme in die Mitte der Kirche geholt, verändert dies sowohl die Praxis als auch die Theologie: Evangelisierung ist dann kein theoretisch entwickeltes Konzept mehr, sondern entsteht im Leben der Kirche.

Die theologische und christologische Sicht auf die Armut darf nie dazu führen, die Situation des Einzelnen zu idealisieren. Sie möchte konkret verändern, reduziert das Heil weder auf das rein Transzendente, noch auf das Innerweltliche, sondern bedenkt den Zusammenhang von Heil und Befreiung. Dieser Zusammenhang müsste die gesamte christliche Soteriologie, also das Verständnis von Erlösung, prägen und »erden«. Werden die Armen als Teil der Kirche behandelt, wird es nicht ausbleiben, dass die Kirche ihnen auch in ihrem liturgischen Gebetsleben eine Stimme gibt. Ihre Gegenwart verändert die Gebetskultur. Sie bringen möglicherweise Unruhe in eine bürgerliche Kirche. Die Milieus werden oft nicht wirklich zusammenfinden. Dennoch muss diese Unruhe gewollt sein. »Jedes wirkliche Leben ist Begegnung«: diese Aussage von Martin Buber kann als Zielvorstellung einer diakonischen Praxis der Kirche sehr gut dienen.

Dass es zu einer gegenseitigen Begegnung von Menschen kommt, die ansonsten bezüglich ihrer Milieuzugehörigkeit nie in Kontakt kämen, ist vielleicht noch keine Realität in der Kirche. Pastorale Planungen sollten dieses Ziel jedoch nicht übersehen.

Eine dienende und glaubwürdige Kirche heute:
Erreichtes – Wahrnehmungen – Perspektiven

Das vorliegende Buch sollte ein Versuch sein, ein beinahe 50 Jahre altes Buch eines großen Konzilstheologen mit den Augen eines Theologen zu lesen, der selbst nicht mehr Zeitzeuge des Konzils ist, aber in seiner Tradition aufgewachsen ist. Ältere Freunde und Kollegen erzählen oft über die Aufbruchsstimmung während und nach dem II. Vatikanum. Für mich selbst sind viele Dinge, die damals umwälzend waren, zur Selbstverständlichkeit geworden. Das Buch von Yves Congar hat mir jedoch gezeigt, dass es Grundthemen des Konzils gibt, die sich erst mühsam durchsetzen müssen. Die Rezeption mancher Themen steckt noch ganz in den Anfängen. Dass das Bemühen um eine arme und dienende Kirche das eigentliche Thema des Konzils gewesen sein soll, wäre mir als junger Theologiestudent kaum in den Sinn gekommen. Es ist gut, dass dieses zentrale Thema heute auch durch den Papst und seine Verkündigung aus der Versenkung geholt wird. Die erste große »Offenbarung«, die Congar mir geschenkt hat, ist ein neues Verständnis dafür, wie die großen Themen des Konzils, das über das Wesen der Kirche (LG) und ihr Verhältnis zur Welt (GS) nachgedacht hat, mit ihrer Glaubwürdigkeit und ihrer evangeliumsgemäßen Lebensweise zusammenhängen. Materielle Armut ist kein Selbstzweck, sondern Ausdruck einer Haltung der Nachfolge, die auch andere Ausdrucksformen beinhaltet. Der am Anfang dieses Buches aufgestellte Gegensatz »Arme Kirche für die Armen oder glaubwürdige Kirche für die Gläubigen« darf nach dem Konzil eigentlich keiner mehr sein. Dass heute derartige Gegensätze konstruiert werden, sollte eine Warnlampe aufleuchten lassen. Wie kann eine Kirche für die Gläubigen glaubwürdig sein, wenn sie keine Gestalt der Nachfolge des armen Christus findet? Wenn die Sorge des Zeitungslesers eine Strömung in der Kirche wiedergibt, sind wir auf einem gefährlichen Weg, den »Bruch zwischen dem Evangelium und der Kultur«, den Papst Paul VI. als das große Drama unserer Zeitepoche benannte, nicht nur zu vergrößern, sondern auch noch für gut zu befinden. Dass wir trotz einer Offenbarungskonstitution, welche die Offenbarung als personales Geschehen in »Tat und Wort« (DV 2) charakterisiert, uns wieder zurücksehnen nach einer Kirche der Reinen und der reinen Verkündigung der wahren Lehre, macht auch traurig und lässt nicht nur hoffnungsvoll in die Zukunft blicken.

Dennoch wird bei der Lektüre Congars auch deutlich, was schon erreicht ist. Die Theologie und die lehramtliche Verkündigung hat die Diakonie zumindest in der theoretischen Reflexion in die Mitte der Theologie zurückgeholt. Sie ist nicht mehr nur Weltdienst, sondern Wesensvollzug der Kirche und Aufgabe aller Glieder der Kirche. Die Enzyklika *Deus caritas est* hat dies unmissverständlich klargestellt. Auch die Bejahung der Religionsfreiheit als Ausdruck der Wertschätzung Anderer ist für die meisten Vertreter der Kirche eine Selbstverständlichkeit. In kirchenamtlichen Dokumenten werden die Adressaten der Verkündigung und Mission nicht mehr schwarz-weiß in die Wissenden oder Unwissenden eingeteilt, sondern ihre Suche nach Wahrheit wird als Wirken des Geistes anerkannt. Die katholische Theologie bemüht sich, Sakramente und die Wirklichkeit der Kirche personal und nicht nach rein rechtlichen Kategorien zu bedenken. Die Enthüllungen über die Missbrauchstaten gegenüber Kindern und Jugendlichen in der Kirche haben die Bereitschaft zur Selbstkritik in großen Teilen der Kirche gestärkt. Auch wenn nicht alle Konsequenzen einer Option für die Armen lehramtlich bejaht werden, ist der theologische Begriff doch in die offizielle Theologie eingegangen. Papst Benedikt XVI. hat durch sein Bemühen um Entweltlichung der Kirche einen notwendigen Diskurs darüber eröffnet, welche konkreten Konsequenzen dieser Prozess beinhaltet. Bei vielen Amtsträgern (Seelsorgerinnen und Seelsorgern) ist das tägliche Bemühen sichtbar, sich ihre Amtsautorität durch ein glaubwürdiges geistliches Leben zu »verdienen«. Pastoraltheologen reflektieren eine Praxis, die in erster Linie nicht an normativen Prinzipien, sondern am Heil und an der Befreiung des einzelnen Menschen orientiert ist. Theologen und Seelsorger mischen sich ein, wo die Würde des Menschen mit Füßen getreten wird. Kaum einer orientiert sich am reinen Barmherzigkeitsideal oder verfällt irgendeiner innerweltlichen Heilsutopie. In Gemeinden und in den vielen ehrenamtlichen Initiativen ist der diakonische Gedanke alltägliche Praxis. Caritative »Profis« suchen die Nähe zum Ehrenamt und geben wirksame Hilfe. Der diakonische Dienst ist aus unserer Gesellschaft nicht wegzudenken. Auch wenn dies kein primäres Ziel an sein soll, verhilft er der Kirche doch immer wieder zu einer ansonsten gefährdeten Glaubwürdigkeit. Milieusensibles Hinschauen möchte andere Menschen und ihre Situation besser verstehen, um wirksamer helfen zu können. Man darf sagen: Die Kirche und viele Menschen in ihr gehen hier einen guten Weg. Und dennoch bleiben auch kritische Wahrnehmungen, die nicht verschwiegen werden dürfen. In aktuellen Debatten etwa um den pastoralen Umgang mit Menschen, die nach gescheiterten jetzt in neuen Beziehungen leben, treffen Welten aufeinander, so dass immer noch der Eindruck herrscht, die Verweigerung von Sakramenten diene der Disziplinierung der Sünder. Damit ist nicht nur eine problematische Engführung sittlichen Verhaltens auf das 6. Gebot Alltag, sondern geistliche Vollmacht zeigt sich als Machtwort. Darf man fragen, ob sich in solchen Diskussionen nicht die alte Versuchung einer »Kirche der Reinen« Bahn bricht, die nur Alles oder Nichts kennt? Auch wenn sich in der Theorie die Volk-Gottes-Theologie durchgesetzt hat, zeigen sich neue Formen der Klerikalisierung, etwa in der Professionalisierung kirchlicher Hauptamtlicher oder in Ehrenamtlichen, die ihre Pfründe hüten wie einstmals ein mächtiger Pfarrherr. Geweihte Amtsträger sind weiterhin vor einem problematischen Machtverständnis nicht gefeit. Die kirchenamtlichen Aussagen über die priesterliche Identität verstärken eher die Distanz zum Volk Gottes als die Nähe zu ihm. Was Entweltlichung konkret bedeutet, ist keineswegs so klar, wie es scheint. Congar zeigt einen Weg, der eher in einer Annäherung an die Wirklichkeit der Menschen als im Rückzug besteht. Das Bemühen um die Option für die Armen ist noch längst nicht zu Ende gedacht, wenn man es als die Hilfe zur Subjektwerdung der Armen versteht, indem sie zum Motor von Theologie und Pastoral gemacht werden. Die Armen in ihrer erschreckenden Vielfalt sind längst nicht in der Mitte der Kirche angekommen, Arme, Reiche und Bürgerliche stehen in keinem Austausch über die Frage der Lebensgestaltung in Kirche und Welt, wie das für den Leib Christi lebensnotwendig wäre. In den Strukturdiskussionen und Bemühungen um eine Orientierung an den Milieus sind »die Armen« nicht die Leitfiguren. Milieustudien können dazu verleiten, die in den Planungen zu übersehen, die in keinem Milieu mehr erfasst sind. In den Dialogforen wird vielleicht zu wenig zwischen wichtigen und unwichtigeren Fragen unterschieden, in der gesellschaftlichen Diskussion überschätzt die Kirche vielleicht ihren Einfluss erheblich.

Aus der späten Lektüre Congars ergeben sich einige wichtige Handlungsperspektiven. Noch stärker muss darauf geachtet werden, den Austausch unterschiedlicher Milieus in der Kirche zu ermöglichen und damit einen Weg in großer Vielfalt zu gehen. Ferner ist die Gefahr groß, die armen Menschen innerhalb und außerhalb der armen Milieus nur noch als Hilfeempfänger zu sehen, aber nicht als Subjekte der Evangelisierung der

Kirche. Sind in den Pastoralplanungen Menschen besonders jenseits der prekären Milieus überhaupt im Blick? Auch sollten Formen der Armut in den scheinbar heilen Milieus näher in den Blick kommen. Wer nimmt teil an den Dialogen innerhalb der Kirche und wessen Themen werden behandelt?

In den meisten Fällen handelt es sich kaum um die Fragen der Menschen am Rande. Die Verantwortlichen in der Kirche und in der Theologie müssen Wege finden, ihre Praxis und Lehre stärker am Motiv auch der konkreten Befreiung, d. h. der Inkarnation theologischer Begrifflichkeiten, zu orientieren. Lehre und kirchliches Leben suchen wohl zu wenig die Nähe zu den Menschen, denen das Evangelium vorrangig gilt. Papst Franziskus hat wiederholt vor der Selbsttäuschung durch gute Leitpapiere und abstrakte Analysen gewarnt. Aus einer Nähe können sich dann Erkenntnisse ergeben, wie die konkrete Lebensweise gestaltet werden kann, wie mit kirchlichem und privatem Besitz umgegangen werden muss, damit der Arme sich nicht angeekelt abwenden muss. Eine kirchliche Theologie des Amtes muss ebenfalls stärker die Inkarnation ernstnehmen, die Christus inmitten der Kirche und der Welt anwesend glaubt. Priesterliche Identität entwickelt sich auch hier nicht aus richtigen Theorien, sondern aus einem geistlichen Leben, das notwendig im Miteinander mit allen Gliedern des Gottesvolkes gelebt wird.

Es darf heutige Anstrengungen nicht verhindern, dass es schon zu biblischer Zeit nicht überzeugend funktioniert hat. Mit einer dienenden und armen Kirche zu leben, ist nicht nur eine Anstrengung, sondern auch eine Chance, selbst einen glaubwürdigen Weg der Nachfolge in ihrer Gemeinschaft zu finden.